宋朝往事系列

耿元骊 主编

赵龙——著

包拯

刚直不阿辨忠奸

辽宁人民出版社

© 赵龙　2025

图书在版编目（CIP）数据

刚直不阿辨忠奸：包拯 / 赵龙著 . — 沈阳：辽宁
人民出版社，2025.1
　（宋朝往事系列 / 耿元骊主编）
　ISBN 978-7-205-11155-7

　Ⅰ.①刚⋯ Ⅱ.①赵⋯ Ⅲ.①包拯（999—1062）—传
记—通俗读物 Ⅳ.① K827=441

中国国家版本馆 CIP 数据核字（2024）第 092627 号

出版发行：辽宁人民出版社
　　　　地址：沈阳市和平区十一纬路 25 号　邮编：110003
　　　　电话：024-23284191（发行部）　024-23284304（办公室）
　　　　http：//www.lnpph.com.cn
印　　刷：天津光之彩印刷有限公司
幅面尺寸：145mm×210mm
印　　张：9.5
字　　数：161 千字
出版时间：2025 年 1 月第 1 版
印刷时间：2025 年 1 月第 1 次印刷
责任编辑：赵维宁
助理编辑：姚　远
封面设计：乐　翁
版式设计：一诺设计
责任校对：吴艳杰
书　　号：ISBN 978-7-205-11155-7
定　　价：78.00 元

总　序

宋朝往事，如在眼前

后周显德七年，岁在庚申，公元纪年则曰 960 年。这一年的春节，就在公历 1 月 31 日。经过了数十年各方势力混战，天下仍大乱，百姓仍生活在苦难之中（当然，传统王朝盛世，百姓也在苦难之中，乱世倍增而已）。不过，古今一例，大过年的，百姓们假装也要假装一下，麻醉也要麻醉一下，大户小家都欢天喜地，撤旧符，换新桃，祭祖悬影，张灯结彩，宴饮欢唱。无论内忧外患如何，生活总要继续下去。可是，就在中原大地一片祥和的气氛之中，突然——可以说非常非常突然，大年初一，北境传报紧急军情！北汉勾结辽军攻打过来！开封城内，惊慌失措的百姓，惊慌失措的大臣，还有惊慌失措的小皇帝，焦急地一叠声：怎么办？怎么办？

大周，说起来总是中原正朔，且正处蓬勃之际，岂能坐以待毙！必须抵抗，必须派最富军事指挥才能的大将率军抵抗！不过，谁是具有这样能力的大将呢？当然，朝廷知道，百姓知道，只有赵匡胤一人而已。赵匡胤成竹在胸，也不推辞，安排妥当，于大年初三带兵北征。走了一天，来到陈桥驿，夜色降临，驻扎下来。接下来的故事，三尺孩童以上，便无人不知无人不晓了，"黄袍加身"的"陈桥兵变"成为古今耳熟能详的"往事"。显德七年飞速变成了建隆元年，开启了一个全新朝代：宋朝。由此，也就进入了我们想重新回忆的"宋朝往事"。

在中国历史上，"宋"之魅力，独树一帜，让人不停地想起它。提起宋朝往事，很多人都感觉历历在目。那么，以后见者之明，再观察宋代，到底该如何认识宋呢？陈寅恪先生讲"华夏民族之文化，历数千载之演进，造极于赵宋之世"，就已经为它定性定向，成为我们认知宋朝的一个基底性叙述了。不过晚清民国以来，学者与世人在外敌入侵的背景下，看待宋朝总是觉得它"积贫积弱"，几乎只有陈先生独具慧眼，但是随着世界变化，研究逐步深入，观念多轮更新，世人越发理解了陈先生先见之明，发现宋朝既不贫也不弱，乃至更多强调宋朝有趣又有生机的那一面了。在当代中国人看来，这是一个有意思、有故事的风雅时代。

宋朝文化，偏于"雅致"气象，已经有无数学者指出过了。虽然"西园雅集"其事本身未必完全符合史实，但是"雅集"精神却是宋代真实的"文化心理"。他们吟诗词而唱和，他们抚琴听音，他们绘山水而问禅风，"宋型"文人风貌就显现其中。从对"西园雅集"千年反复阐释与模仿当中，足见其影响之深远。而"雅集"所体现出来的"极简"美学，是宋代高雅文化全部核心所在。扬之水先生说："抚琴、调香、赏花、观画、弈棋、烹茶、听风、饮酒、观瀑、采菊、绘画和诗歌，携手传播着宋人躬身实践和付诸想象的种种生活情趣。"当然，这种风雅文化，也深深影响到市井文化，推动了市井文化与风雅文化同步大放异彩。甚至或者可以说，在宋人那里，市井文化就是风雅文化的变身。

宋朝经济，以工商流转增值为主要经济运行模式，初步迈向了现代经济门槛。又因为总掌控区域大幅度缩小，外部军事压力过大，财政供给压力倍增，不得不开拓在传统农业经济之外的财政来源，竟有意外收获，也就是发现了一条新经济之路：由工商业繁荣，进而推动生产力提高。手工业和商业贸易，对比前朝，都有了大幅度进步。作为衡量经济发展的一个重要指标，宋常年铜钱铸造数量，比唐代鼎盛高峰期还多出数倍，更不用提出现"交子"这样具有现代化性质的纯信用货币了。当然，受限于诸多因素，并未能或者说完全没可能实现从传统经济向现代经济的惊险一跃。

宋朝政治，在传统时代政治大势中堪称特例。皇帝与士大夫共治天下，不因政治斗争因素随意诛杀大臣，都是宋朝独有特殊之处，因而建立了一种相对开明的政治局面。虽然我们完全了解，宋代政治也有诸多问题，党同伐异，文字狱，争执与整肃似乎也都没少过，但是在整体上观察帝制时代政治进程，完全可以确认，宋朝相对偏于宽松。从整个王朝政治史上观察，两宋还都可以说是独特的存在。而科举取士，更是奠定了读书人在政治上的进取之心，社会流动开了一个虽不宽松但也绵绵不绝的上下交通渠道。有志者，可以通过考试进入统治阶层，自认对天下有责任，亦有担当，"先天下之忧而忧，后天下之乐而乐"。

无论从哪个角度看，宋朝都是奠定中华文化最终形成的重要一环，无宋则不足以言中华文化。不过，普通读者对宋朝的印象，在经历了长期看低之后，则有近180度大转弯。最近数年，欣赏宋朝、研读宋朝、描绘宋朝生活成为影视、阅读、游戏等各类市场的新宠。各类时新或传统媒体，时不时地就弄出个宋代专题，制作了各种各样的音频课、视频课，坊间也在学术著作大批出版的同时，出现了无数种关于宋朝的通俗著述。在关于宋朝叙述大繁荣之时，在这无数种关于宋代的讲述中，为什么我们还要再增加新一种呢？这大概就是因为，宋之魅力势不可当。虽然名家大作珠玉在前，但我们还是想试图提供更多维度给读者进行参考和对比。

如何提供更多维度？孟浩然诗句"人事有代谢，往来成古今"最能代表我们的心情和缘起之思。就是想通过人和事两方面，与读者诸君讨论宋朝独特之处。宋之风雅、政事、富庶，都体现在人和事之中了。没有那些特立独行之人，风雅不可见；没有那些风雅之士行动，政事不可知；没有那些百姓努力创造，富庶无可求。想要全方位观察宋、了解宋，欣赏大宋之美，就请和我们一起来回首"宋朝往事"。

面对浩瀚宇宙，面对苍茫大地，面对漫漫人生，我们内心常常涌起一种深远庄严之感，不由得想去探究和思考。这就是人之所以为人的根本，只有人类才渴盼了解自身，试图了解自己的过往。而有着世界上最长久、最多历史记载的中华民族，算得上是最愿意了解自身历史的族群之一。与历史人物、事件建立起属于我们自身的沟通管路，唯一渠道和办法，就是读史。读其书，想其人，念古人或雄壮或卑微的一生，感慨万千，油然而生一种复杂情绪弥漫胸间。这大概也是想了解历史、阅读历史的普通读者之常有心境。不过世易时移，学有专攻，不可能让有阅读愿望的各行各业读者，都能重新从工具书层面开始入手研读，所以回首"宋朝往事"，十人十事，纵横交织，就是我们所提供的优质的精神快餐。

宋代人物纷繁，我们选择了赵匡胤、赵普、寇准、范仲淹、包拯、狄青、沈括、岳飞、陆游、文天祥十位代表性人物。相信以读者诸君的敏锐度，已经明了我们的选择用意。赵匡胤，开国之君，没有他的布局和冒险一搏，不会有大宋的建立；没有他所奠定的基础，宋朝也许就是那个"第六代"了。赵普是宋朝开国元勋，也是宋初文臣之中较为有名的那一个。他一生三次入朝为相，影响很大。世人知道他，多以那句"半部《论语》治天下"的典故。他长于吏道，善于出谋划策，"智深如谷"，开国大政，多依赖于赵普策划。寇准，评书演义中的最佳人物，一句"寇老西儿"牵动了多少我辈凡夫俗子之心！可以说，他就是那个有棱角有缺点的最佳演员。范仲淹，相信没有人不知道其千古名句"先天下之忧而忧，后天下之乐而乐"。几乎每个当代中国人都会反复学习那千古名篇，没有他，宋朝就缺失了一点什么。包拯，明清以后，已经成为中国古代清官杰出代表，是为政清廉、公正执法、断案如神的象征，民间呼为"包青天"。以他为主角衍生出的历史演义、戏剧、小说、影视剧为数众多而历代相传。戏说虽然于史无征，却激起我们窥探历史上包拯究竟是何种模样的极大兴趣。狄青，从一名基层农家子弟应征入伍，出身低微，一无权二无势，通过自己精湛的武功、高妙的指挥能力和优良的人品，以及在国家危难之际奋不顾身的突出表现，成长为接近权力巅峰的枢密使，是底层小人物逆袭的典型，后代小说家甚至以他为主角写成了诸多小说演义作品。传说狄青是武曲星下凡，与文曲星下凡的"包青天"一起享誉天下。沈括，我们了解大书《梦溪笔谈》，更了解他记述下来的活字印刷术。他是那个时代文人的典范，虽然后人未必赞同他为官为人之道，但是都欣赏他作为文人士大夫而能关注普通人技术进步的开放心态。岳飞，更是无数传奇小说中的最优榜样。千百年来，不知道影响了多少英雄豪杰！陆游是伟大的诗人和伟大的爱国者，大多中国学生都学习和背诵过他那首千古名诗《示儿》。一辈子渴望北伐中原，收复失地，但是时代没有给他机会。从宋金和战历史大背景观察，我们才能发现一个真实的陆游。文天祥，更是我们常常耳闻的伟大人物，为了匡扶南宋这座将倾大厦，妻离子散，家破人亡，但依然志向不改、视死如归。伟大的人格力量，在中华历史上铸就了一块无与伦比的正气丰碑，内化为中华优秀传统文化不可分割的一部分。纵观文天祥一生，无负于"人生自古谁无死，留取丹心照汗青"的铮铮誓言。

因人而成事，宋代历史上，几乎每天都有大事发生。这些大事如何走向，以后见之明来看，在历史上就更有关键节点作用了。我们同样选择了十件大事作为代表，算是尝一脔而知一鼎之味。东封西祀、女主临朝、宋夏之战、熙丰新政、更化与绍述、靖康之难、三朝内禅、开禧北伐、襄阳保卫战、崖山暮光是我们选定的若干"大事"。读者诸君当然更明了这十件事在宋代历史上的关键性作用。宋真宗不甘平淡，又缺雄才大略，导演了一场天书降临的闹剧，东封西祀，营造太平盛世，将宋朝引到了一条歧路上，带坏了政治风气，无谓消耗财富积累，导致社会出现重大方向调整。宋真宗的章献明肃刘皇后，最著名的传说就是"狸猫换太子"，而这只是个谎言。事实上，刘皇后作为宋代第一位垂帘听政的太后，她身上的故事远比"狸猫换太子"更加精彩。自宋建国起，宋朝与党项李氏一直保持着友好关系，西部边界也一直处于相对稳定的局面，直到李继迁公开与宋朝决裂。党项李氏逐渐壮大，并建立西夏，发展到足以抗衡辽、宋，三足鼎立，宋朝西部边患不断，几无宁日，漫长曲折的战争故事也陆续上演。宋神宗继位之后，梦想成为一个大有为的君主，强烈想要改变现状。与王安石一遇即合，君臣相得，开启了一条"改革之路"。不过这改革既艰难又复杂，在宋人眼里更如乱来。千载之下，评说仍未有完结之期。宋哲宗继位之后，新法逐渐由改善民生、行政、财政、兵政等大目标，转而成为清除异己与聚敛钱财的工具，丧失了正当性，而这一切还在继承神宗之志旗帜下进行。借着更化到绍述之名，大宋这一艘漏水的航船驶入了更加风雨飘摇的末路。靖康之难，更是一段伤心之史。在繁华富足当中突然崩溃，亦是千年少见之事。再建南宋，久居钱江之畔，临安临安，已再无临意。不过相对长期稳定的政治局面之下，皇位继承这个中国传统政治大难题，在南宋前半期又成为难上加难的超级难题。南宋前四帝，总共见过了四次内禅（高宗为皇子时，见徽钦之禅）。王朝体系下，就没有真正的家事与国事的分别，这一家事国事大难题，搅得政局翻覆，影响极大。再到开禧北伐，只好说它是虚假反攻。韩侂胄大冒险，最终把屠刀留给了自己。而由此导致的政局动荡，让后人感觉平添了几分萧瑟。更不幸的是，蒙古崛起，应对失当，为最终的没落埋下了种子。宋元之间，襄樊大战则是南宋灭亡的关键。让我们一同进入宋末历史世界，看看舞台上主角人物如何抉择，观其言，察其行。在13世纪末欧亚大舞台上，从全球视角看看襄樊之战前因、后果、始末、影响与结局。襄樊大战失败之后，元军继续南下，宋人多路义军闻风而动，试图收复故土，好不热闹。但元军一路直下，鏖战50年，四川最终陷落。宋廷退守崖山，张世杰摆一字长蛇阵，决战一日，十万军民漂尸海上，南宋彻底灭亡。大宋忠臣遗民，以生命为国尽忠，为国招魂。只留待我们后人唏嘘南宋往事，或叹或悲或感慨。以此十事，可见宋朝历史脉络的大关节之处。

以上十人十事，共同构成了"宋朝往事"。知人论世，读人读事，把"人"和"事"立体组合起来，这是我们设想的一种新尝试。希望读者诸君与我们携手，一起走进宋朝，欣赏大宋往事，感慨世事变迁，回到大宋场景中，感受历史长河的孤独前行，回味大宋的波澜壮阔。

本人供职于坐落千年古都的河南大学，日常所居之处，每日教学相长之所，就在开封东北角，宋代遗存的"铁塔"之下。这个位置，大概也是王诜"西园"附近。无论"雅集"是不是真的存在，作为宋文化的象征，早已经名垂千古。在西园与宝绘堂旁，走在千年铁塔之下，不由得会生发出思宋之情，悬想宋人生活之景之情，与二三同志研读宋史，更体悟得"雅集"之趣。也是在这个宋文明萌生的一处所在，在辽宁人民出版社蔡伟先生的盛情邀请下，本人虽不敏，但勇于任事，担下了组织撰写"宋朝往事"工作，幸不辱使命，丛书出版后得到了广大读者好评，故有精装版重印之举。希望我们12人通力合作，能以"轻学术"方式，既保有学术上的严谨厚重，又去掉严格脚注带来的束缚与阅读限制，带给大家一点不一样的阅读体会。感谢陈俊达（吉林大学）、黄敏捷（广州南方学院）、蒋金玲（吉林大学）、刘广丰（湖北大学）、刘云军（河北大学）、刘芝庆（湖北经济学院）、仝相卿（浙江大学城市学院）、王淳航（凤凰出版社）、王浩禹（云南师范大学）、张吉寅（山西大学）、赵龙（上海师范大学）等一众优秀青年学者（以上按姓名拼音排序）接受我的邀请并鼎力支持，一起完成了这项大工程。

我们也知道，坊间已经有很多种宋史普及读物，我们新增这一丛小草，希望它也有长久的生命力。我们贡献全力，虽然通俗，但不媚俗，文字尽量有趣，但是绝不流于戏说，希望能为您的读书生活增添一点真正的趣味。当然，高人雅士，亦望教导指出书中不当之处。您开卷展读之时，希望我们12人没有辜负您，也没有浪费您宝贵的时间，更愿读者诸君与我们一起走进宋朝，知宋，谈宋，理解宋。

耿元骊

2024年3月25日于开封开宝寺塔旁博雅楼

目 录

引　子

在中国古代众多王朝当中，宋朝别具特色。与唐诗比肩的宋词出现于这一时期，中国古代四大发明中的火药、印刷术和指南针出现于这一时期，世界上最早的纸币——交子也出现于这一时期，其文化、经济以及科学技术等，达到了中国古代王朝的顶峰。现代史学大家陈寅恪先生曾说："华夏民族之文化，历数千载之演进，造极于赵宋之世。"

公元960年建立的赵宋王朝，在经历太祖、太宗两代开疆拓土，"影帝"真宗守成二十余年后，至仁宗朝形成治世。说起历代王朝的治世，读者诸君往往能联想起那些有名的帝王，比如

"文景之治"的汉文帝和汉景帝、"贞观之治"的唐太宗、"开元盛世"的唐玄宗、"康乾盛世"的清康熙帝和乾隆帝，等等，却少有人会把宋代的"治世"与宋仁宗联系起来。

《宋史·仁宗本纪》记载，宋仁宗天性仁孝宽厚，喜怒不形于色。他在位四十二年，吏治宽松而少有残暴苛政，刑法松弛而案件审理大多公允，君臣彼此有同情之心、忠厚之政。也正是这样的氛围，使得这一时期人才辈出。吕夷简、晏殊、范仲淹、欧阳修、王尧臣、包拯、韩琦、富弼、胡瑗、张载、邵雍、周敦颐、程颐、程颢、沈括、狄青等，无不闪耀于历史星河。"千百年间，盖不一二见"的范仲淹，是宋儒气象的开创者，其"先天下之忧而忧，后天下之乐而乐"的千古名句，是那个时代士大夫自觉意识的高光呈现，以至于后人说："宋亡，范公不亡也。"武将狄青，行伍出身，受范仲淹赏识而被起用。范仲淹鼓励他说，良将不应只有匹夫之勇，更应明古今。狄青听其良言，苦读《春秋》《汉书》等，苦学诸家兵法，后平定侬智高叛乱有功，位至枢密副使。

包拯，中国古代清官的杰出代表，以为政清廉、公正执法、断案如神著称于世，为宋仁宗及众多臣僚所肯定，时人呼为"包待制"，民间呼为"包青天"。以他为主角衍生众多历史演义、戏剧小说且历代相传。这些戏说多数于史无证，却激起我们窥探历史上的包拯究竟有何神奇之处的极大兴趣。

　　本书尝试从"未显之时""君臣知遇""开封知府""政治盟友""廉吏风仪""龙图传说"六章，为读者诸君呈现一位伟大历史人物的一生，感受扑面而来的历史气息。

第一章

未显之时

中国古代有很多执法严明的官员，如春秋时期楚昭王的宰相石奢、西汉的张汤、唐代的戴胄、北宋的包拯、明朝的海瑞、清代的陈若霖等。在这些不同朝代的官员中，经戏曲小说等反复演绎而为世人所熟知的当数包拯，"包青天"的形象着实令人印象深刻。摒去戏剧小说的虚构与夸张，包拯在历史上留下了浓墨重彩的清官印记。

一、庐州包氏

关于包姓的起源，今天的研究者一般持两种观点。一种是依据宋代人罗泌《路史》记载，认为包姓源出上古时期的伏羲氏。另一种是根据宋代人郑樵编的《通志·氏族略》记载，认为包姓源自申氏。春秋时期，楚国有一位大夫申包胥（又称"王孙包胥"），起初与伍子胥是好友。楚平王七年（前522），伍子胥因故逃离楚国，并发誓要消灭楚国，申包胥听后说："你能覆亡楚国，我就一定能把这个国家振兴起来。"鲁定公四年（前506），出走吴国的伍子胥帮助吴王攻破楚国都城郢（今湖北省江陵县西北），申包胥跟随楚昭王逃亡。后来申包胥向楚昭王请命，自己愿出使秦国，请求出兵援助。申包胥在秦国七天不吃不喝，日夜哀哭，终于感动了秦哀公。后秦哀公发兵攻吴，和楚国军队一起收复郢城。收复故国后的申包胥拒绝了楚昭王对他的重赏，选择退隐山林。他的后人为了纪念他，就用他的名字作为姓氏。

由于申包胥封于申，申的地望位于今河南省南阳市以北，从这一角度而言，一般认为包姓的发源地在这一带。秦汉时期，包氏已经在山西上党（今山西省长治市）一带成为名门望族，魏晋以后，逐渐迁徙至今天的安徽、江苏、浙江以及江西省，一部分进入福建地区。在宋代，包姓主要聚集于两浙路地区。包拯的祖上也在迁徙的过程中，定居于庐州（今安徽省合肥市）。

据《镇海横河堰包氏宗谱》（务本堂刻，现藏于浙江宁波天一阁）记载，包拯的高祖名业，官至刑部侍郎，高祖母姓氏不详；曾祖父名袭，曾祖母姓氏不详；祖父名士通，赠太子少傅，祖母宣氏，追封冯翊郡太夫人；父亲名令仪，母亲张氏。包业此人的记载应该只见于上述家谱中，缺乏其他史料佐证。不过，根据1973年在合肥市出土的包拯及其族人墓志铭记载，其曾祖以下世系清晰，无有争议。包令仪，字肃之，授朝散大夫，行尚书虞部员外郎，曾镇守南京（今河南省商丘市），上护军，卒赠刑部侍郎。

宋真宗咸平二年（999），包拯出生于庐州。在演义小说和民间传说中，包拯有两个哥哥，而包拯的出生可谓多灾多难，他的母亲失血过多差点儿没了性命，父亲看到他通体漆黑，认为是个怪物，便要将他遗弃。

包拯出生时为何通体漆黑？民间传说认为，北宋初年（一说北宋末年），民不聊生，于是天上的玉皇大帝要派赤脚大仙下凡解救苍生，但赤脚大仙安逸惯了，死活不应这份差事。玉帝承诺会派文曲星和武曲星一同下凡保护他，赤脚大仙这才勉强答应了玉帝。于是下到凡间的赤脚大仙成了宋仁宗，包拯是文曲星下凡，与他一起来到人间的还有武曲星狄青。

先行下到凡间的赤脚大仙感受到了民间的悲惨气息，哇哇大哭，不断催促玉帝让文曲星、武曲星赶紧下凡，玉帝被赤脚大仙响彻云霄的哭声搅得心神不宁，就着急忙慌地将文曲、武曲二仙投向人间。但此二仙在投胎的过程中却阴差阳错地搞错了脸谱，本该属于文曲星的文士脸谱被错换给了武曲星，文曲星只得拿了一张武士脸谱，所以出生后就成了黑脸。相反，日后的北宋名将狄青却长得白面文静。以上所说虽是传说，但也反映了包拯、狄青二臣对北宋仁宗朝治世形成的重要性。

宋人王珪《华阳集》所收诏书《赐枢密副使包拯生日礼物诏》有一句话："眷秉轴于宏廷，省梦熊之嘉月。"这里透露出包拯出生时的一些信息。在古人的认知中，孕妇"梦熊"是生男的征兆。《诗经·小雅》就说："吉梦维何？……维熊维罴，男子之祥；维虺维蛇，女子之祥。"意思是说：什么样的是吉梦？就是在梦里遇见粗壮的熊罴，这是要生公子的好运气；在梦里遇见花蛇细又长，这是生女的吉兆。这是包拯出生时他家人对诞下男子的期待。"嘉月"有"美好之月"的意思，也指春季之月，因此包拯是在春天里出生的。在包拯之前，他的父母已经生育有包莹、包颖，惜乎早卒。

包拯出生的这一年，日后护佑仁宗朝稳定的一批文臣或刚出生或已在政坛崭露头角了。如曾公亮与包拯同岁，被后世称为"大宋小宋"的宋庠、宋祁二兄弟分别是四岁和两岁，日后北宋朝南人第一状元晏殊九岁，丁度十岁，范仲淹十一岁，吕夷简二十一岁，包拯后来的伯乐刘筠三十岁，王钦若三十八岁，寇准三十九岁。在包拯三岁的那一年，他未来的妻子董氏也出生了。包拯六岁时，富弼出生；八岁时，日后成为世交的文彦博出生；九岁时，欧阳修、张方平出生；十岁时，韩琦和尹洙出生；十二岁时，后来的亲密战友吴奎出生。在未来十数年中将要陪伴包拯生活和战斗的妻子或友人悉数登场，包拯也渐渐长大，立志苦学。

南宋著名理学家朱熹说他的祖上曾有一本小册子，上面记载了很多逸闻趣事，其中有一件事是关于包拯的。大致是说：李仲和的祖父和包拯一起在一座寺庙里读书，每天出入，必经过一户富裕的人家，但二人从不窥视这户人家院子里的情况。有一天，富人看到二人路过，便邀请他们进来坐坐，包、李二人借口有其他事而不入。过了一些时日，富人再次邀请他们去吃饭，李某心动想去，却被包拯制止了。包拯对他说："他是富人，今天如果我们随意答应与他宴饮，日后我们若做官出守乡郡，岂不是为今日的行为所拖累？"

对于包拯少年读书的情形，他自己曾说："生于草茅，蚤从宦学，尽信前书之载，窃慕古人之为，知事君行己之方，有竭忠死义之分，确然素守，期以勉循。"由此可知，少年包拯有着远大抱负。

少年包拯是在哪里读书的呢？文献中提到过一个地名——香花墩。千年之前的香花墩虽已过于遥远，但这处遗址今天的具体位置，却引来很多人的关注。梳理研究者关于香花墩遗址所在的观点，大体有二：一是认为香花墩遗址位于安徽省合肥市包河公园内；另一种说法则认为根据明代崇祯年间《庐州府志》记载，香花墩应该是在包拯故宅的读书台。明代以后的人们为了纪念包拯，在包河岸边建造了包公书院，书院和香花墩一起成为怀念包拯的名胜古迹。也有研究者推测，在包拯十四岁左右时，他的父亲包令仪出任福建惠安（今属福建省泉州市）县令，包拯可能随行，并在当地庙学中读书。不过，这一结论仍需更多史料佐证。

二、同年关系

在宋代，随着科举考试制度的规范与完善，普通士人通过读书、参加科考，实现金榜题名、光宗耀祖的理想的可能性进一步扩大。包拯也没有例外，宋仁宗天圣五年（1027），他二十九岁，意气风发地赶往京师开封参加科举考试。是年三月二十日，宋仁宗驾临崇政殿亲试礼部进士，考题为《圣有谟训赋》《南风之薰诗》《执政如金石论》等。

先来说一说这次科举考试的主考官。在古代，特命主掌贡举考试的主试者被称为"知贡举"，一般是由朝廷中有名望的大臣担任。协助知贡举主持本届考试的官员被称为"同知贡举"。宋代在省试（礼部试）中一般每举选配二至三员同知贡举，协助知贡举主持考试、评定试卷、决定考生的高下乃至去留等。包拯科考时的知贡举是枢密直学士、礼部侍郎刘筠；同知贡举分别是冯元、石中立和韩亿。刘筠，大名府（今河北省大名县一带）人，字子仪，咸平元年（998）考中进士，任馆陶（今河北省邯郸市馆陶县）县尉；后回京师，适逢朝廷诏令选人入太清楼校对藏书，他拔得头筹，以大理评事为秘阁校理。景德二年（1005），宋真宗命王钦若、杨亿、孙奭等18人编修自上古至五代时期的历代君臣的事迹，汇编为《册府元龟》，刘筠也以精细敏捷而参与其中。《册府元龟》与《太平广记》《太平御览》《文苑英华》合称为"宋四大书"。《册府元龟》修成后，刘筠出任左正言、直史馆等职。因身体有恙，他多次向朝廷上书请求致仕回乡，但都未得到批准；再升任左司谏、知制诰、史馆修撰等职务。他曾离京出任邓州知州，调任陈州；数年后回京，负责督察京城的刑事案件，知贡举，任尚书兵部员外郎。这时，他又向朝廷上书请求外放任邓州知州，没有得到允许，改任翰林学士。因不满丁谓独断专权，请求离京候补，以右谏议大夫知庐州。

宋仁宗即位后，刘筠升任给事中，又受诏为翰林学士，一个月后，又被授予御史中丞，成为御史台长官。在刘筠之前，三院御史上书言事，都需要先行告知中丞。他上任后，在御史台张贴布告说，以后御史自己上书言事，不需要事先报告。天圣二年（1024），刘筠任知贡举。在此之后，他又因身体原因多次向宋仁宗辞职，都没有得到批准，再任尚书礼部侍郎、枢密直学士、知颍州等职。奉召回京后，又知贡举，任翰林学士承旨兼任龙图阁直学士、同修国史、判尚书都省，但刘筠又一次请求外放庐州。他太爱庐州了，就在这里修建了藏书楼，把宋真宗赐给他的书籍和墨宝收藏在此，仁宗甚至赐额“真宗圣文秘奉之阁”。刘筠在这里为自己建造了坟墓，制作棺椁，并提前在自己的墓碑上刻字。天圣九年（1031），刘筠在庐州病逝。

刘筠三次任知贡举，对北宋科举考试录取标准做出重大改革。北宋立国后沿用唐代科举取士标准，以诗赋为主，策论次之。而刘筠认为，科举考试的目的是为国家选拔治国理政的人才，不能偏重文人雅士，所以他建议朝廷科举考试改以策论为主，诗赋为次。刘筠的科举思想深刻影响了包拯，使其成为一名策论高手。在这一年的科举考试中，包拯一举中的。

冯元，字道宗，南海（今广东省佛山市）人。自幼跟随崔颐正和孙奭学习"五经"，与孙质、陆参、夏侯圭等人交往甚密，曾一起通宵达旦地讲学，号称"讲学四友"。大中祥符元年（1008），考中进士，授江阴（今江苏省江阴市）县尉。

过了不久，朝廷诏令选拔通晓经术的人补为学官，年轻的冯元上书自荐自己通晓"五经"。谢泌感觉很惊讶，就说："古人研究一经，可能要钻研到白发苍苍，你这么年轻，能完全通晓吗？"冯元回道："明达之人可以融会贯通。"经过选拔，他被补为国子监讲书，升为大理评事，再迁崇文院检讨兼国子监直讲。王旦推荐他讲解《论语》《老子》等经典，冯元的名气渐大，宋真宗也召见冯元讲解《周易》。冯元对宋真宗讲："君王之道至尊，臣子之道至卑，只有上下相合，才可以辅相天地，裁定万物。"这一番话令宋真宗十分高兴。

不久后，冯元升任太子中允、直龙图阁，参与内朝事务。而北宋时期以直龙图阁参与内朝，就是从冯元开始的。宋仁宗即位后，冯元迁户部员外郎，任直学士兼侍讲，与孙奭等人一起经常向宋仁宗讲读经学经典，也使得宋仁宗更加向学。

冯元个性简朴淳厚，不喜欢沽名钓誉，严守礼制，遇到祭日，就与门生对坐，诵说《孝经》。景祐四年（1037）春，冯元因足疾去世，年63岁。生前托付李淑、宋祁为他撰写墓志铭。朝廷追赠他为户部尚书，谥号章靖。

石中立，字表臣，洛阳（今河南省洛阳市）人，北宋名相石熙载之子。最初为侍奉皇帝的近臣——西头供奉官，五年后，改为光禄寺丞。其与李宗谔、杨亿、刘筠以及陈越等人私交甚好。石中立治学严谨，在校勘秘阁藏书时，凡经他之手的，人们往往争相传阅。宋真宗到亳州（今安徽省亳州市）时，诏令石中立修撰所到之处的《图经》。后来，以吏部郎中、知制诰领审官院，同知礼部贡举，判集贤院。之后，受推荐官员不当牵连，被贬为史馆修撰，领审官院也被罢。

景祐四年（1037），石中立意外出任参知政事，成为副宰相。次年，灾害频发，时任谏官的韩琦上书奏言："石中立身居高位，却喜诙笑，有失大臣之礼。"韩琦此番言论，是要拿石中立的个性说事儿了。石中立性情旷达，视财物乃身外之物，毫不吝惜地把家财全部散给他的叔父们。他喜欢诙谐逗趣，爱与人开玩笑。据司马光《涑水记闻》记载，石中立任郎官时，曾与同僚一起参观皇家园林里的狮子，管理员说一头狮子每天需要喂五斤肉，身边的同僚听闻后纷纷议论说："我等收入微薄，竟然连一头狮子也比不过。"石中立接话道："然也，我等俱是员外郎（谐音'园外狼'），园外狼如何能与'园中狮'比待遇呢？"众人听后捧腹大笑。

《谈苑》说，石中立任资政殿学士时，有一次出门骑马，因马夫操作不当而使马匹受惊，导致石中立从马背上跌落下来。马夫一看吓破了胆，不料石中立安慰他道："亏得我是石学士，倘若是那瓦学士，岂不摔破咯！"说完，哈哈大笑。马夫也放下心中巨石。

石中立还曾拿他的上司章得象开涮。章得象是福建人，长得容貌俊美，为人庄重，讲话时声音洪亮。章得象与石中立关系很好，石中立没少拿他开玩笑。欧阳修的《归田录》记载，唐代人戴嵩画牛画得非常好，人称"戴嵩牛"，韩幹画马出神入化，史称"韩幹马"。石中立便拿章得象的名字开玩笑道："前有名画'戴嵩牛''韩幹马'，今又出个'章得象'。"时人一时间传为笑谈。石中立的幽默诙谐，使他成为宰相群体中的另类，也被韩琦参奏而丢官。与石中立一同被罢的还有王随、陈尧佐以及韩亿。

韩亿（972—1044），字宗魏，开封府雍丘（今河南省开封市杞县）人，咸平五年（1002）进士，授大理评事、知永城（今河南省永城市）县。政声甚佳，深得上司皇甫选赏识，其他县邑有疑难案件，皇甫选都指示交韩亿处理。任陈州（今河南省周口市一带）通判时，遇到黄河泛滥，他多方筹措资金维修堤坝而没有向当地百姓征收赋税。韩亿在地方出色的政绩，引起宰相王旦的关注，并将自己的女儿嫁给了他。

此后，韩亿宦海沉浮，历知洋州（今陕西省汉中市一带）、相州（今河南省安阳市一带），入为侍御史，除河北转运使，再知青州，改判大理寺，授枢密直学士，任谏议大夫，累迁同知枢密院事，授参知政事，罢知应天府。庆历二年（1042），以太子少傅辞官归居。

景祐年间，知开封府范仲淹上《百官图》，意指宰相吕夷简用人不公，实指韩亿可任用。在范仲淹被贬外放后，宋仁宗特意将此事告诉韩亿。韩亿却说："范仲淹举荐臣是因公而为，而陛下是知道臣之愚钝的；因私而荐臣，则是臣自做官以来，都不曾结交请托过任何人的。"时值忻州（今山西省忻州市）大地震，谏官韩琦上言，除了认为石中立作为宰相却喜诙谐有失身份，同时也认为宰相王随、陈尧佐等人都不是辅佐君王之材，还说韩亿之子韩综不应当自请以自己的兄长韩纲接替自己出任群牧判官。就这样，韩亿身为宰执也一并被罢免。

韩亿为人稳重，治家有方，虽然致仕归居，也不曾懈怠，仍时刻关心政局动态。每见到亲朋旧故孤贫者，则资助他们婚丧嫁娶，也常常为基层官员为官不易而动情。韩亿官至尚书左丞，卒赠太子太保，谥号忠宪。

说完知贡举和同知贡举，接下来说一说包拯的同年。"同年"在汉语中有多种释义，而在科举时代，中同一榜进士者被称为同年。较前代而言，北宋时期，科举录取人数可谓激增，同年及其之间的关系被时人普遍接受并逐渐加以重视。我们在很多宋代人的文学作品中经常看到"同年契"或"年契"，其实就是指同年关系。一般情况下，新科同年会通过参加官方或者私人举行的宴饮聚会，或因拥有相同的兴趣爱好、一致的政治理想、共同的利益需求等借以彼此认识，从而来发展自己的社会人际关系网络。同年关系是宋代士大夫关系网络中的重要组成部分，他们通过联姻、交游等方式进一步发展与稳固关系网络，对个人仕途、家族命运乃至国家政治都产生了深远的影响。

天圣五年（1027）的这一榜共录取 377 人，省元是吴育，状元是王尧臣，包拯进士及第。韩琦、赵概以及包拯的世交文彦博、日后的战友吴奎也是同榜进士及第。他们都在仁宗朝及北宋中后期的政治舞台上大放异彩。文彦博和吴奎将在第五章详述，此处不表。以下分述吴育等人。

吴育，字春卿，建州浦城（今福建省南平市浦城县）人，吴待问之子。初授大理评事、知临安县（今浙江省杭州市临安区），后出任诸暨（今浙江省诸暨市）、襄城（今河南省许昌市襄城县）知县。中贤良方正直言极谏科，策入三等。《宋史》曾评价说："自北宋立国以来，策入三等者，惟吴育与苏轼而已。"吴育历官直集贤院、起居舍人、翰林学士、谏议大夫、枢密副使等，拜参知政事，为资政殿大学士、尚书左丞、知河中府（今山西省永济市一带），徙河南府（今河南省济源市一带）。嘉祐三年（1058）四月因病去世，年五十五岁，赠吏部尚书，谥号正肃。吴育与其父待问，其兄弟吴充、吴京、吴方都考中进士，庆历年间，吴育出任枢密副使，而其父待问则列卿奉朝请，时人纷纷赞叹吴氏父子的荣耀。

王尧臣，字伯庸，虞城（今河南省商丘市虞城县）人。授将作监丞、湖州（今浙江省湖州市）通判。改秘书省著作郎、直集贤院、知光州（今河南省信阳市潢川一带），入为翰林学士、知审官院，迁翰林学士承旨兼端明殿学士，为群牧使，拜枢密副使。嘉祐元年（1056），拜户部侍郎、参知政事。三年后因病去世，赠尚书左仆射，谥号文安。元丰三年（1080），加赠太师、中书令，改谥号为文忠。

韩琦，字稚圭，自号赣叟，安阳（今河南省安阳市）人，韩国华之子。这一年，韩琦二十岁，授将作监丞、通判淄州（今山东省邹平市、淄博市一带）。韩琦历官刑部尚书、兵部尚书，进左仆射兼枢密院事、拜司空兼侍中，以镇安武胜军节度使兼侍中、判相州，熙宁八年（1075），换永兴军。逝世时年六十八岁，赠尚书令，谥号忠献，配享宋英宗庙庭。韩琦担任宰相十年左右，辅助宋仁宗、英宗以及神宗。宋夏战争期间，韩琦与范仲淹互为声援，镇守西北，军中称为"韩范"。韩琦之兄韩璩也是本榜进士，初授安化军节度推官，官至秘书省著作佐郎、知安丰县（今安徽省淮南市寿县）。庆历二年（1042），韩琦病逝，年四十一岁。

赵概，字叔平，虞城（今河南省商丘市虞城县）人。授将作监丞、海州（今江苏省连云港市境内）通判。赵概历官知制诰、翰林学士、枢密副使，拜参知政事，以太子少师致仕。元丰六年（1083）逝世，年八十六岁，赠太子太师，谥号康靖。据王辟之《渑水燕谈录》记载，赵概本名公糲，一天晚上他梦到有人持有图书，内有金墨书写"赵概"二字，醒来后就改名为赵概了。

吴育等人通过同年关系相知相识，并从这种情感出发，在今后的仕途上各显本事，以实现儒家倡导的"修身、齐家、治国、平天下"的政治理想。他们也通过这种同年关系，在今后的政治舞台上成为战友，为了共同的政见而遥相呼应。

三、为官一方

包拯进士及第后，初授大理评事（参与审理案件的下级官员）、知建昌县（今江西省永修县），但他考虑到父母年事已高，并未赴任，于是朝廷改调其监和州（今安徽省和县）税。他的父母不愿随其远行，包拯索性就解官回乡侍奉双亲。包拯此举，不仅没有引起皇帝的反感，反而博得了纯良至孝的好名声。此次暂不出仕，包拯在家一待就是十年有余。景祐四年（1037），距离包拯双亲去世也有两年之久了，在亲朋好友的劝说下，他赶往北宋都城开封（今河南省开封市）听候朝廷安排。这一年，包拯受命赴天长县出任知县。

天长县在北宋时期，隶属于淮南路的扬州，经历代行政区划演变，在今天属于安徽省滁州市的县级市天长市。因其地处华东腹地，南临长江，北枕淮河，位于安徽省东部的边缘地带，被誉为安徽的东大门。也正是在天长县，包拯受理了一起割牛舌案，开始展露断案如神的才能。

这起案件的案由见诸很多宋代文献，《宋史》也有记载。梳理诸种史料可大致归纳一下案情：有一天，一位名叫刘全的农民牵着一头满嘴淌着鲜血的大黄牛急匆匆来到天长县衙，状告有人割了他家耕牛的舌头，请求包大人替他做主。包拯上前劝慰并询问了一些基本情况，然后说："你回家去吧，听我的话把牛杀掉卖了。"刘全十分不解，着急地说："我家的牛让人割去舌头，我已经够倒霉的了，再让我把它杀了，我要拿什么耕地呢？再说，杀牛那可是犯国法的啊！我可不想就这样被砍掉脑袋啊！"包拯说："你只管回去杀牛卖肉，我保证不会追究你的责任。"

刘全虽不明白包拯的用意，但他也没有什么其他的办法，于是，他回到家中，真的把牛杀了。原来，包拯心中早就有了谋划，他的推理判断是：既然有人要害别人，那么别人犯法，那人就一定会来乘机告状。没过多久，果然有人来控告，还煞有介事地说："包大人，有人私自杀掉耕牛，该当何罪呢？"包拯言道："不是你割了人家的牛舌头吗？为什么反而来控告人家呢？先是割了人家耕牛的舌头，如今又贼喊捉贼，你又该当何罪？"盗贼听罢，顿时惊恐万分，吓得哑口无言。他又惊又怕，那高坐堂上的仿佛已不是县官老爷，而是个聪明过人、足智多谋的神明！看着眼前气势逼人的包拯，盗贼连一句话都狡辩不出来，只得乖乖地束手就擒，低头服罪。这是包拯居官后审理的第一个案件，充分显示了他的机智和办案能力。从此，包拯以法律和正义的形象根植于人们心中，也由此被世人交口称誉，名声大噪，在民间更是被百姓奉若神明。

康定元年（1040），包拯由于在天长县任上卓有成效的政绩，改为大理寺丞，不久，再升任端州（今广东省肇庆市）知州。端州位于广东西江的中游，前依浩浩荡荡的江水，后靠葱葱茏茏的北岭，自然风光十分秀美。端州以生产砚台著名，所产砚台因端州地名故称端砚，由此也出现了一大批依靠采砚石、生产端砚为生的劳动者。端砚石质坚实温润，体重而轻，质刚而柔，纹理细密，发墨快而不涸，溜不损毫，书写流利生辉，从唐代起就享有盛誉。到了宋代，端砚更精，元符三年（1100），端砚成为朝廷内的"贡品"，每年端州都要为朝廷无偿进贡一定数额的端砚。

一直以来，士大夫都视端砚为至宝。据说唐代名臣魏徵有一方端砚，平时都是珍藏起来，舍不得用，只有给皇帝写奏疏的时候才拿出来使用，他临死之前还嘱咐一定要以此砚陪葬，由此可见魏徵对端砚的喜爱之甚了。

端砚因为精美贵重，反而给制砚工人带来了灾难。凡是到端州做官的人，总是趁进贡之机在上贡的数额之外，向砚工额外索取数十倍的砚台以中饱私囊，并用它们去贿赂朝廷权贵，将其作为升官发财的"敲门砖"。这样沉重的负担，压得当地砚工苦不堪言，为了给官员们制作砚台，他们常常加班加点，劳作不息，却得不到加班的收入。包拯来到端州，了解到这种情况，非常气愤，决心革除这一流弊。他下令只按上贡需要的数额征收交纳，州县官吏一律不准增加端砚的生产数量，违者严惩不贷。而他本人作为州郡的长官，更保证绝"不持一砚"。制砚工对他感激涕零，尊称其为"包公"。端砚一事触发了包拯的感慨，于是他创作了一首诗，以抒发自己内心的清心与刚直，诗曰：

清心为治本，直道是身谋。
秀干终成栋，精钢不作钩。

仓充鼠雀喜，草尽兔狐愁。

史册有遗训，毋贻来者羞。

关于这首诗的创作时间和地点，根据不同的史料与民间传说，大致有三种说法：一是张田在《包拯集》题词中所云包拯初复仕之际所作，二是朱熹在《跋所刻包孝肃诗》里所言包拯为布衣时所作，三是胡仔在《苕溪渔隐丛话》中所言包拯"出守本郡"时所作。有学者考证研究后认为，三说之中，当以张田所记为准。理由是张田曾为包拯的僚属，并自称"门人"，还亲手编撰了《孝肃包公奏议集》。此外，张田还替包拯之妻董氏写过墓志铭，为包拯长媳崔氏写过《崔节妇传》，其女儿又嫁给了包拯次子包绶，因而理当对包拯生平熟悉。而朱熹、胡仔是南宋中、后期人，其所言应是得自传闻，并非第一手资料。据此，这首诗极有可能是包拯景祐四年（1037）复仕时所作。

景祐四年（1037）之前，包拯为其父母守孝长达十余年。后来，在父老乡亲们的劝勉之下，包拯决定出知扬州天长县。为了表达为官初心与心中志向，包拯才作了这样一首诗。不过，在民间广为流传的关于此诗的创作却是上述第三种说法，即任端州知州时所作。此说极有可能是为了弘扬包拯任端州知州时端正清廉、刚直不阿的为官正气。但是不论是哪种说法，包拯创作了这首诗，都是不争的事实。在后世的流传中，此诗还有一个标题——《书端州郡斋壁》。

郡斋，即郡守所住的斋舍。因为端州砚台事件让包拯见识到了官员对百姓的盘剥，内心既忧心又愤慨，于是他在自己居住府第的墙壁上写下了这一首铿锵有力的诗作。这首诗的意思是："清心"是修身的根本，"直道"是处世的要诀。笔直而细小的树干，一定会长成支撑大厦的栋梁；百炼的纯钢，绝不能做弯曲的钩子。仓库里堆满粮食，连老鼠、麻雀也会高兴；田野里寸草不生，连狐狸、兔子也会犯愁。也就是说，仓廪丰实的话，那些鼠雀兔狐之辈就会非常高兴，如果没什么好处，那些贪官污吏就会发愁。史册上记载着古人许多宝贵的教训，做官就要做好官，千万不要留下耻辱，让后人笑骂。

这首五言律诗是包拯的一首明志诗。诗作持重刚健，严谨有力，质朴无华，掷地作金石声，充满堂堂正正之气、磊磊落落之情，塑造了一位古代社会中正直官员的光彩形象，表现了作者抛弃私欲、决心除暴安良的崇高品格与志节。首联写为人处世之道：治理世事以清廉无私为根本，为人处世以刚直不阿为准则。颔联进一步写"直"：只有笔直挺拔的树干，才能终成

栋梁之材；纯正的精钢，宁折不弯，绝不被外力折服。作者以
"秀干""精钢"自比，是自勉自励，也是自信。颈联写除暴安
良：先写鼠雀之"喜"，是纵；后写兔狐之"愁"，是擒。而铲
除这些贪官污吏、害民之徒的根本办法，就是"草尽"，即拆除
屏障，消灭他们赖以生存和为非作歹的条件，他们就无法逞凶
了。尾联写吸取史书留下的教训，坚决不给后人留下耻笑的把
柄。

　　这首诗更是包拯出仕做官的座右铭。他在诗中直抒胸臆，堂
堂正正地表明了自己从政和为人的道德准则，即清心治本，直道
处世。诗以言志，诗如其人。这首诗充分反映了包拯居官的指导
思想：清心寡欲，廉洁奉公，正身立朝，无私无畏；要立志做国
家的栋梁，刚直不阿，努力使国家富强，坚决铲除奸恶，做个无
愧于先贤和后人的清官廉吏。包拯这种思想境界，不得不让人心
生敬佩。他言行一致，躬身力行，奋斗了一生。后来，包拯立朝
二十余载，上报国家，下安黎庶，勇斗贪官污吏，一身正气，践
行了诗中所言。他以清心治本，以直道谋生，留下了传唱千古的
佳话。

　　此次端州砚台事件，强化了包拯对贪官污吏疾恶如仇的心
绪。他认为，"贪官，是危害百姓的盗贼"，应该对这些人进行坚

决打击、依法严惩。"今天天下所辖范围之广，州县之多，地方官数量如此众多，却个个都贪赃枉法、中饱私囊，上瞒着天子，下侵害百姓，无法无天"的严重情况，应该引起各级领导的密切重视，依照法律严肃处理。可是有人却寻找种种理由，想要对这样的官吏从轻发落，这样一来影响当然极坏，导致"贪狠之徒，殊无畏惮"，如此下去，政治上的腐败现象怎能制止得了呢？因此包拯请求，"今后如果有贪赃枉法、违法犯罪的官员臣僚，绝对不能轻易放过，一定要依照法律，定下他们的罪责，并且监督执行。即使是遇到国家大赦，也不能就此饶恕，在以后的仕途中，也绝不能重新录用这些人。如果有犯罪较轻的，只能授予他们一些不重要的官职。这样一来，官员们就知道要做一位廉吏，知道贪污腐败的严酷惩罚了。"

包拯在任端州知州期间，尽力为端州百姓干实事。当时，端州百姓脸黄体瘦，多带病色，包拯派人前去调查，发现原来是饮用江水所致。包拯便发动群众，在城内外开掘了七口水井，供百姓饮用，时间一久，百姓的健康状况大为好转，百姓因此对包拯感激涕零。现在肇庆红旗路边还有一口磨石光滑的深井，人称"包公井"，据说就是当年包拯开掘的七口水井之一。端州人民谈起"包公井"来，无不对包拯充满敬仰感激之情。

现在肇庆市的古端州旧址上还遗存一座书有"古端名郡"的城楼，其后侧深处尚有高台一座，人称"青天台"。相传，这就是包拯当年的审案台。在这里有一个包拯平反冤狱的传说：有个老砚工雕刻了一方"丹凤朝阳砚"，雕工精美绝伦，吸引了不少人前来观看。当地有一个恶霸也想得到这方端砚，掏出十两黄金说要购买，遭到老砚工的拒绝后，便诬告老砚工偷了他家的砚台。赃官收受了恶霸的贿赂，将满心委屈的老砚工下狱，并且下令长期关押，最后反而将丹凤朝阳砚判给了恶霸。包拯上任后，听闻此事，重新公开审理此案，为老砚工平反，要回了丹凤朝阳砚，并将那欺压良民的恶霸判了十年徒刑。满城群众欢呼雀跃，称颂"包青天"。

处理政务之余，包拯也会游历端州的山山水水。庆历二年（1042）三月，包拯陪同他的上司到达了端州城北的石室大岩，也就是著名的七星岩，并在此留题："提点刑狱周湛、同提点刑狱钱聿、知郡事包拯同至。庆历二年三月初九日题。"后世的很多官员游历至此，不免要瞻仰这方石刻，南宋度宗咸淳元年（1265），出知肇庆府的苏良看到这方石刻后赋诗一首，诗云：

杖屦追随入翠蓬，玲珑一窍彻心胸。

山罗斗宿英灵萃，地镇龙潜气势雄。

碑藓犹涵周子泽，洞松仍有老包风。

岁寒共约吾三友，要把清规踵二翁。

这方石刻原位于石室洞顶部较高的位置，20世纪90年代时，当地人为了弘扬包拯精神，也为了让游客拍照更加便捷，就将此方石刻摹刻后移至洞外。

石刻文中所提到的周湛，字文渊，邓州穰（今河南省邓州市）人，周仪之子。周仪于宋太宗雍熙二年（985）进士及第，累官至谏议大夫，时人呼为嘉祐直臣。周湛于宋真宗天禧三年（1019）中进士甲科，为开州（今属重庆市）推官。再中身言书判科，改秘书省著作佐郎、通判戎州（今四川省宜宾市）。原本当地人生病了仅靠巫术，周湛上任后，在禁止巫术的同时，将古药方刻于石上，教会当地人使用医药。此后，迁尚书都官员外郎、知虔州、提点广南东路刑狱。有不法分子从外地抢劫良家子女贩卖到此地为奴婢，周湛到任后着力查处，听取被卖者自诉，解救男女2600余人，并安排返家。后来，周湛徙京西路，为盐铁判官，任江南西路转运使，还京任户部判官，又为夔州路转运使，除度支副使，出知襄州，徙相州。卒于任上。

　　庆历三年（1043），包拯在端州任满，调为京官。他告别端州赴京时，成千上万的端州百姓依依不舍地为他送行，由此又出现了一个"包拯掷砚"的传说。包拯当了三年端州知州，勤政爱民，为端州百姓做了很多好事，而身边始终没有一方端砚。端州百姓十分感动和过意不去，他们听说包拯将要离任，便精心制作了一方上好的砚台，用黄布包裹起来，趁送行的机会，暗地里交给书童塞到了船上。不料，当包拯的官船行至开采砚石的风水宝地羚羊峡时，天气突变，狂风骤起，浊浪滔天，电闪雷鸣，船上人员无不骇然。有人战战兢兢地说："咱们谁做亏心事了？是不是贪财爱宝，惹得龙王发怒了？"这话提醒了包拯。他命令一一检验行装，结果发现了那方端砚，经书童说明情由，才知道是端州百姓的心意。包拯捧起端砚向端州方向深深鞠了一躬，对百姓的盛意表示感谢，然后随手将端砚及黄布掷入了江中，说道："包某决不带走端州的一石一物。"说来也怪，包拯掷砚后顿时风过雨收，天朗气清。后来，在包拯投掷端砚的地方出现了一片沙洲，人们称之为"墨砚沙"（在今肇庆市高要区砚州村），黄布沉落的地方成了"黄布沙"（在今肇庆市高要区沙浦乡）。

　　人们在包拯掷砚处还修建了一座"掷砚亭"来纪念他的功

德，还在肇庆市的丽樵楼上写了一副对联"星岩朗曜光山海，砚渚清风播古今"，颂扬的正是包拯"不持一砚归"的高风亮节。考古学家清理包拯墓葬时，在包拯及其子孙墓的陪葬物中，发现仅有一方普通砚台而没有端砚。在《宋史·包拯传》及许多宋人笔记中，都有包拯知端州三年而"岁满不持一砚归"的记载，由此可知，包拯的廉洁确实是不争的事实。清代乾隆时期的莫元伯曾撰诗《砚洲怀古》，其曰：

> 一笑解行箧，沧波信手投。
>
> 臣心真似水，天意忽成洲。
>
> 沙月淡相映，秋江澄不流。
>
> 当年杜万石，曾此泛归舟。

诗中所提到的杜万石乃杜谘。此人于北宋熙宁年间知端州，不仅把砚石全部据为己有，还下令禁止砚工制砚。更离谱的是，他竟然派人去打捞包拯当年投入江中的端砚。所以，莫元伯引用《汉书·郑崇传》中"臣心如水"的典故，讽刺杜谘贪得无厌的丑陋嘴脸，称赞包拯清正廉洁的正面形象。

包拯执政端州的三年间，为民谋利造福，公正审理砚工案件，打井解决百姓喝水问题，为孩童兴文办学，更有"任满三年不持一砚归"和"掷砚端州"的光辉事迹。包拯任职端州时发生的事情在后来甚至被创作为音乐剧《青天之瑞》。它以当代舞台表演艺术形式——音乐剧为主要表现载体，采用当代音乐剧审美的独特视角来重塑历史剧的原型，全景式地再现了清官包拯主政端州三年间，呕心沥血治理端州的艰难历程，将包拯一生为民做主、为国尽事的忠臣形象及其执政为民、廉洁自律、严以训家的形象演绎得淋漓尽致，观之令人肃然起敬。

随着时代的发展，如今端州人在日常生活中虽不再使用墨砚书写，但制砚技艺一直在端州传承。白石村至今仍然保留着手工制砚的传统，端砚技术已被选入国家级非物质文化遗产名录，而包拯那如端砚般刚直、端正的美好品德也已深深地印入了当地百姓的心中。通过这些诗歌，我们感受到包拯的高风亮节，感受到包拯从初次做官到逝于任上，始终对诗中所表达的做人与为官原则践行不移，包拯正是这样一位不忘初心的实干家。阅读包拯的诗歌，即使时隔久远，也会令人感受到一种文人跨越时空的豪情壮志与坚不可摧的为百姓服务的信仰。这信仰历经千年仍然熠熠发光。因为时代需要包拯，这穿越千年的清风，端正清源，吹散了贪婪与腐败的落叶，带来了刚介与清廉的浩然正气！

第二章

君臣知遇

  在赵宋一朝 320 年间，共有 18 位皇帝，宋仁宗赵祯是在位时间最长的一位，前后共计 42 年。在仁宗时代，涌现了一众极具才干、政绩卓越的士大夫，群星闪耀，刚介清廉、至孝忠君的包拯无疑是其中璀璨一颗。关于宋仁宗和包拯的知遇，在小说《水浒传》的开头有这样一个桥段，传说宋仁宗在出生时啼哭不止，太白金星变化成老百姓，在只是婴孩的宋仁宗面前说了八个字"文有文曲，武有武曲"，宋仁宗便停止了啼哭。施耐庵明言武曲是狄青，文曲便是有"青天"之称的包拯。到了清代，又有了另一版本，根据公案侠义小说《三侠五义》（又名《忠烈侠义传》），仁宗与包拯的知遇，是缘于仁宗出生时"狸猫换太子"的离奇故事。无论是《水浒传》还是《三侠五义》，都属于后世加工创造的文学作品，虽然并不完全符合历史事实，但这些加工的故事都是为了说明仁宗和包拯之间君臣契合。在历史上，宋仁宗与包拯的君臣知遇，其实始于庆历三年（1043），当时的包拯在地方的政绩突出，御史中丞王拱辰便举荐包拯出任监察御史里行一职，包拯回到朝廷，开启了他与仁宗皇帝的知遇际会。

一、仁宗时代

说起仁宗时代，不少读者立即会想到用"人才大爆炸"来形容。晏殊、欧阳修、范仲淹、包拯……我们在中学课本中所熟知的一大批历史名人，都活跃并荣耀于这一时期。

南宋人吴曾在他的笔记《能改斋漫录》里记载了一首无名氏写的《题寝宫诗》，诗云：

> 农桑不扰岁常登，边将无功吏不能。
>
> 四十二年如梦过，春风吹泪洒昭陵。

由于年代久远，这首诗的作者已无从考证，但从记载者以及诗歌的内容与情感来看，可以大致推断是南宋人所写。"农桑不扰岁常登"描绘了仁宗朝五谷丰登、社会安定的富庶祥和之景。虽然在边事上以保守防御为主，吏治上也因循前朝之旧，但总体而言，仁宗朝仍是一个不折不扣的宋之治世。诗人身处社会渐趋腐朽、国力渐趋衰亡的南宋，回忆起北宋最为辉煌的仁宗一朝，这和平安定的四十二年，如今已是春梦无痕了。一片唏嘘之声中，唯有眼角溢出的泪水，随着阵阵春风吹至仁宗的陵寝。

诗作所云"四十二年"是从宋仁宗继位改元算起的，而宋仁宗在改元之前已经继位十月有余。乾兴元年（1022）二月，那位热衷于天书符命的赵宋第三位皇帝——宋真宗驾鹤西去，把江山社稷托付给了他年仅十三岁的儿子赵祯，并由自己的皇后刘娥，也就是赵祯的嫡母垂帘听政，由此开启了最为后人称道的仁宗时代！

宋太宗时期，随着北汉被平定，唐末五代以来的分裂割据局面正式宣告结束，国家逐渐走向安定和统一。这一局面的到来，离不开宋太祖所付出的种种努力。宋太祖继承了周世宗时已然明确的统一策略，继续实行"先南后北，先易后难"的作战方针，完成了全国大部的统一。他在位的十七年间，虽然忙于征战，但在政治制度的建设方面也有着开创之功。宋太宗在继位大赦的诏书中宣称："先皇帝创业垂二十年，事为之防，曲为之制，纪律已定，物有其常，谨当遵承，不敢逾越。"此一诏书的颁布说明，以防弊为核心的宋初政策与制度逐步取得了"家法"的地位，历代皇帝只能奉之为圭臬，而不能做大的更改。后宋太宗两次北伐，均折戟沉沙，不仅未能实现预先制定的战略目标，并且损失惨重，甚至宋太宗本人的去世也与北伐时的创伤有关。经历两次战败，宋代君臣终归转向内部，将重心放在了内部建设上。

宋真宗继位，于景德年间签订"澶渊之盟"，结束了与北方邻居辽国的敌对关系。后虽经历了神道设教，大肆宣扬天书符命之说，但北宋王朝终归安稳了下来。真宗一朝，祖宗法度渐趋抵定，后世的宋仁宗和宋英宗两朝，终归再没有大的变动。而"纤悉备具"的防弊之政的确立，便是"无为而治"的黄老思想的具体表现。此时的"无为"不同于纯粹的无所作为，而是立足于以防弊为核心的祖宗之法上的"无为"，是没有大的改动而已，由此带来的便是宽厚治国。

宋真宗去世之后，开启的便是宋仁宗的时代。这一朝历四十二年，大致可分为三个阶段：第一个阶段是从其继位到亲政，此时的朝局实际上由其嫡母刘太后把持；第二个阶段是从其亲政到"庆历新政"结束为止，总体上君臣上下思治谋进；其余时间暂称为后"庆历"时代，此时的朝局虽然趋于安稳，虽有一些小的改革措施，但贫弱的局势却日益加重，韩琦、富弼等人渐渐老去，司马光和王安石等人在政坛上日益显现，因此新的大变革也在悄然而至。文坛上更是伴随着嘉祐二年（1057）欧阳修主持科举，文风随之大变，"二苏"等引领文风的年轻俊彦呼之欲出。

其第一阶段始于宋真宗去世，若从纪年算，则是始于宋仁宗天圣元年（1023）。北宋名臣欧阳修曾考究过宋朝皇帝年号的含义及原因，他认为"天圣"若拆开两字，则是"二人圣"。因此，他认为这一年号的确立不排除群臣阿谀奉承刘太后之嫌。但不可否认的是，在整改宋真宗时期的乱局，使得北宋王朝安定下来，以及辅佐幼子，使其成为一个真正的皇帝方面，刘太后都有着不可磨灭的贡献。

宋仁宗登基之后发生的第一件大事，莫过于贬黜丁谓。当时有这样一则民谚："欲得天下宁，当拔眼中丁；欲得天下好，莫如召寇老。"这反映的是天下臣民对丁谓和寇准两名大臣的看法。

宋仁宗继位后，实际掌握权柄的是宋仁宗的嫡母，即宋真宗的皇后刘氏。刘氏在人事安排上，虽然站在了丁谓等人的角度，贬黜了在宋辽战争中的功臣寇准以及当时的宰相李迪，但刘太后也意识到，丁谓的一系列举动在于架空自己以把持朝政，后来的时局发展也恰好为她提供了罢黜丁谓的良机。当时，宦官雷允恭监造宋真宗陵寝，他在丁谓的授权下私自改动规制，导致地下水上溢。王曾便向皇帝和太后汇报了真相，于是刘太后雷厉风行，诛杀了大宦官雷允恭，贬斥了丁谓，然后以击败丁谓的王曾等人为相以秉持枢机。接下来的举措便是将天书与宋真宗陪葬，停止建造宫观，并罢免一系列宫观使。而这一系列举措的用意在于彻底清理这一场宣扬"镇服四海、夸示外国"的封建迷信活动，转而迈向"仁治"的新时期。

纵观刘氏主政的十余年，虽然也存在倚重外戚、任用宦官的情况，但这都是母后主政的常态。况且作为外戚，无论是刘美还是钱惟演，都未能把持朝政，更不必说危害赵宋。宦官之中，她所任用的不论是罗崇勋还是江德明，都没资格入《宋史·宦官传》，因此他们对朝局、对国家的危害都相对较小。刘氏垂帘期间，虽也有皇帝率领群臣为其祝寿，太后着皇帝服色参拜太庙，以及些许臣僚向其建议效仿武则天建立刘氏家族的七庙等情况，但刘太后在临终时面对群臣以皇帝礼服下葬的建议，还是主动要求换上皇后服色下葬。因此，她终究还是赵家的媳妇，为自己的夫君守好了一片家业，并把它平稳地交于夫君所指定的继承人手中，虽然这片家业是万里河山。因此对刘太后主政时期的治绩，《宋史》有这样的评价——"当天圣、明道（刘太后主政时期的两个年号）间，天子富于春秋，母后称制，而内外肃然，纪纲具举，朝政亡大阙失"。后世的史学家也认为刘太后是一个杰出的女政治家，政治才能和治绩不亚于宋真宗和宋仁宗。这一时期，刘太后携手宋仁宗和群臣扭转宋真宗中晚期的不正常状态，恢复了咸平、景德年间向前发展的良好势头，也为宋仁宗之时的治世奠定了重要的基础。

宋仁宗明道二年（1033），刘太后去世，宋仁宗亲政，成了一个大权在握的皇帝。亲政后的宋仁宗，表现出对朝政极大的热心。亲政之初，宋仁宗就废除了刘太后单日垂帘听政的制度，恢复了宋太祖与宋太宗时由皇帝每日坐朝听政的制度。此后，只要涉及朝政，无论事情大小，宋仁宗都会亲自参与、亲自裁决，以至于当时的宰相吕夷简都建议仁宗抓大放小，没有必要事必躬亲。

宋仁宗不仅非常勤政，对待士大夫也非常优容。他虚心纳谏，在朝廷上更是允许不同的意见存在。而这便形成了宋朝政治形态的一种美谈——皇帝"与士大夫共治天下"。对于平日的天下事和日常朝政，宋仁宗也曾说过"措置天下事，正不欲专从朕出"，这体现了宋仁宗对自身权力欲望的节制，在一定程度上也体现了"公天下"的面貌。观仁宗一朝，众星捧月，以宋仁宗为核心，无论政治、军事、经济乃至文化上均出现一系列能臣干将，而他们出现的时间大都集中在庆历年间。这一时段，最重要的大事莫过于"宋夏战争"和"庆历新政"。

宝元元年（1038），元昊称帝，西夏正式独立，兵锋直指北宋境内。当时的宋仁宗年轻气盛，怀有一腔热血，血气方刚。面对自己曾经的藩属的叫嚣，宋仁宗也决定过主动出击，击溃顽敌，但无奈的是几次主动出击，宋军都接连败北。以好水川之战为例，战前的主要谋划之臣是当时的名臣韩琦和范仲淹。二人之中，前者主持泾源路，后者负责鄜延路。因为当时二人的政绩，世人便以"韩范"连称。二人之中，韩琦比范仲淹小十九岁，但彼此却是一生的挚友。在大战前夕决定攻守之策的讨论中，二人表现出针锋相对的态度，并没有因为二人的私交关系而干扰彼此对国家大事的判断。韩琦主攻，范仲淹主守，二人各持己见，针锋相对。虽然韩琦派遣尹洙前往范仲淹驻扎之地，以主动出击的利好来劝说范仲淹，使之以自己所管兵马同其他几路共同投身到这场大战中，以确保整体战役的胜利，但范仲淹仍然坚持己见，并没有为之所动，在之后的战斗中也没有出动自己的兵马进行相关的作战行动。

战斗的结果可想而知，两位最重要的帅臣在战守大策上没有在战前统一，但年轻气盛的宋仁宗却倒向了年轻有为的韩琦。结果宋军战败，主将任福及其以下五十余将佐战死沙场，折损一万零三百余人，损失粮草器械不计其数，乃至于关右震动。由于此次战败，宋仁宗本人难以咽食，因此怒斥西北边陲的三位重臣——夏竦、韩琦和范仲淹。当韩琦因此次战败离任时，面对为死难的军人招魂的军属，他最终意识到了自己的错误。此战虽然败了，韩琦和范仲淹也受到了宋仁宗的处罚，但这次战败并没有影响宋仁宗对他们二人的信任。几年后的"庆历新政"，宋仁宗大胆起用二人，让他们领导改革。虽然改革失败，整个宋朝君臣对二人却更是推崇。韩琦后来官至首相，追封王爵，辅佐两代君王登临帝位。即便在后来的王安石变法中，韩琦站在了变法的对立面，但宋神宗仍然对他推崇备至。韩琦去世后，宋神宗亲署碑额"定策元勋"，并让他配享英宗庙庭。新政之后的范仲淹虽然在官位上比不上韩琦，但他"先天下之忧而忧，后天下之乐而乐"的高尚精神为有宋士大夫推崇备至，乃至于被推崇为天水一朝士大夫的典范，而其建立义庄、设立规矩等家族建设的举措，也为后世所推崇。

若论北宋一朝的武功，因为"重文轻武"国策的存在，似乎没有值得夸赞之处，但在这样的环境之下，却也有名将产生。若论起北宋的名将，最为后人津津乐道的便是天波府的杨家将，不仅有金刀令公杨业、"七郎八虎"以及杨宗保和杨文广父子，乃至《水浒传》中上应天暗星的杨志也是杨家的后人，而且杨家巾帼不让须眉，佘太君、穆桂英等杨门女将所创下的功勋也为后人津津乐道，并且他们和包拯一样，也活跃于仁宗一朝。但这终归是后世的文学作品，毋庸说杨家的赫赫功勋，即便是其中的人物如佘氏真的是太君，那也是"折"太君；杨六郎实际上是杨家老大；历史上并没有杨宗保和穆桂英夫妇；《水浒传》中的杨志只是两宋之际横行江湖的大盗。而仁宗一朝真正有名将之称的则是曹玮和狄青！他们两个一个处于仁宗前期，一个处于仁宗中后期。

曹玮，字宝臣，宋初名将曹彬第四子。他虽然出身于武将家庭，却喜好读书，通晓"春秋三传"。少年之时，便随其父在外任职，因此有较多的为官经验。他的一生多在西北一带戍守，对李继迁多次用兵，在遏止住党项一族的东进步伐后，他积极修筑堡寨，以巩固北宋对党项一族的胜利果实。后又亲自带回归降的河西大族，使得党项一族后院不稳，也使得李继迁之子德明不敢轻举妄动。后又与秦翰在武延川攻破章埋族，分兵灭拨臧于平凉。后三都口一战，史称"威震四海"。此后累迁至宣徽北院使、签书枢密院事。他虽然因为丁谓的诬陷，累遭贬谪，但后来也官至节度使，成为一方节帅，保境安民。天圣八年（1030），曹玮去世，年五十八，赠侍中，谥号"武穆"。嘉祐八年（1063）宋仁宗去世后，宋仁宗的养子英宗继位，曹玮作为武将的代表，与作为文臣代表的王曾共同配享仁宗庙庭。

曹玮为将四十余年，众人交口称赞。其父曹彬曾说："我的两个儿子都可为将，但曹璨不及曹玮。"宋真宗称赞他："能干其职，甚可嘉也。"在宰执队伍中，李迪认为，"曹玮有谋，诸将皆非其比。"王珪拿长城作比，王安石认为其"尤有功于西方"。宋室南渡之后，杨万里曾道"本朝曹武惠（曹彬）配享太祖，武穆（曹玮）配享仁宗"，这样的父子配享，以前是没有的。

相比于曹玮成名在宋真宗时期，宋仁宗时期的另一名将狄青，其真正声名在外以及去世皆在仁宗朝，且官位也高于曹玮。因此，狄青才是货真价实的仁宗朝的名将。不同于曹玮的出身名门，狄青出身于寒门，年少时即参军入伍，因面有刺字，且善于骑射，故人称"面涅将军"，作战时经常佩戴青铜面具，显得别具一格。初出茅庐的狄青便颇具才能，当时的泾原、秦凤两路经略安抚司判官尹洙与他谈论军事，称赞狄青是良将之才，并把他推荐给韩琦和范仲淹，因此韩范二人也极度欣赏狄青的军事才能，并且范仲淹还教授狄青读《春秋》，告诫他"若将帅不知晓古今历史，那么只能是匹夫之勇"。宋夏交锋七年，在对夏作战中，狄青参与大小战斗二十五场，多次负伤，战绩上攻陷金汤城，夺取宥州，俘虏五千余人，且广建城堡以巩固胜利果实。

除却西夏，狄青的另一功勋是平定南方侬智高叛乱。皇祐四年（1052）六月，狄青因功升任枢密副使。就在同年，南方的侬智高叛乱，于是狄青临危受命，以宣徽南院使与宣抚荆湖南、北路的身份率兵征讨。当宋军因擅自出兵而溃败于昆仑关时，狄青告诫众将士，说"号令不一，是这次失败的主要原因"。然后他惩治了相关将领，使得军队号令严整。次年（1053），狄青率兵夜袭昆仑关，取得大捷，并追击了五十里，斩首数千级。在侬智高的同党中，黄师宓、侬建中、侬智中以及伪官僚吏属被杀死者，多达五十七人，被生擒的叛贼也有五百多人。此战虽然首乱侬智高逃窜，但狄青最终还是平定了这场声势浩大的叛乱。在最后搜寻侬智高的过程中，狄青不像征讨后蜀的王全斌那样贪财冒功，表现出淡泊名利的高尚情操。当时尸体中有一人身穿金色龙袍，手下便有人让他向朝廷谎报以邀功，但狄青正气凛然地说道："你怎么知道这不是一个骗局呢？我宁愿如实向朝廷汇报侬智高失踪，也不愿意虚报以邀功！"战场上的狄青所向披靡，但战场下的狄青却步步艰辛。狄青在战场下的遭遇体现了宋仁宗的大肚能容，但他的遭遇也是宋廷重文轻武政策的结果，更是宋仁宗偏弱性格的生动体现。

西夏战事结束后，宋仁宗擢升狄青为枢密副使，却遭到众人弹劾。平定侬智高后，宋仁宗和众人谈论擢升狄青为枢密使，文官群体中有人说道："若狄青再次立功，则如何擢升呢？"韩琦出守扬州时，仁宗生日，特召韩琦入京，文彦博和富弼等人为韩琦接风洗尘，狄青因为在平定西夏时韩琦对他的赏识，便主动前往迎接。但韩琦却说只有在宫门外唱名的进士举子才是好汉，丝毫不敬重狄青，并且抹杀了狄青的功绩。狄青对此的评论是："我和韩相公的功业相比，实际上不差多少，真正相差的是进士的身份。"此话突出了狄青的悲凉，更凸显了北宋文官政治的缺陷。

　　狄青担任枢密使四年，弹劾不断。当以文彦博为首的宰执上书请求让狄青外任时，狄青上疏询问自己无功受封为节度使，又无罪被贬出京的原因。对此，宋仁宗也说狄青是忠臣，但文彦博却说"难道太祖皇帝对周世宗来说不是忠臣吗？最后也还是建立了宋朝"。面对这样的回答，宋仁宗还是决定让狄青出京任职。当得知这项任命后，狄青前往中书门下询问原因，但宰执却以"莫须有"的理由回答说，"没有什么原因，只是朝廷有些怀疑你罢了"。面对这样的答复，狄青连连向后退却。狄青到达藩镇后，朝廷每月都会派遣使者前往，虽然美其名曰探望，实际上是众多文臣对狄青不放心。结果不到半年，狄青便因为惊惧而辞世，年仅四十九岁。

　　狄青的去世，很明显是宋朝矫枉过正的结果。在众多的弹劾中，甚至虚构了马生角这样的离奇事件，以及这一段时间灾异频频，都是因为狄青身为武将却身居高位等内容。在弹劾者中，既有政坛上的名臣文彦博、庞籍，也有当时的文坛领袖欧阳修。但他们这些人对狄青的弹劾，并不是出于私心，而是对祖宗家法的遵守。自宋太祖杯酒释兵权，就很少有武将单独领兵，即便北伐之时，曹彬担任东路军的将领，但真正的决策之人却是身处大后方的宋太宗本人。而这些举措完全是出于对武将统兵的提防，毕竟赵宋的天下就是靠兵变得来的，因此当文彦博提到宋太祖与周世宗的关系时，宋仁宗便毫不犹豫地让狄青外出任职。

狄青的遭遇不禁让人想起了曹玮之父，即同样担任过枢密使的曹彬的一段际遇。曹彬率兵出征南唐前夕，宋太祖答应胜利后会将其擢升，但战事结束之后曹彬迎来的只是有赏无升，获得的只是一些金银财货。对于这样的情况，曹彬只能无奈地叹息"当好官也不过是为了多积累钱财而已"。曹彬和狄青的遭遇，不禁让人唏嘘，唏嘘于北宋一朝武将的境遇，唏嘘于北宋一朝文臣的墨守成规，"道理"虽然最大，但它也真正做到了杀人于无形。造成这一境况的真正原因便是赵宋所谓"祖宗家法"的不容更改。

相比于武功的逐渐内向乃至不再推崇，仁宗一朝的文化事业却让人们不禁推崇。从当时的教育机构来看，自从晏殊执掌南京应天府，便开始了宋代的兴学事业，后来的"庆历新政"又兴起了地方办学的高潮，由此便形成了有宋一代的第一次地方办学，而地方办学的一个重要标志便是地方书院的蓬勃发展。北宋的四大书院中，石鼓书院在宋仁宗景祐二年（1035）获赐额，加上之前宋太宗的赐额，成为宋代书院中少有的能有两代帝王赐额的书院。应天府书院在景祐二年（1035）改为府学，随着当时的应天府知府力聘范仲淹主持，范仲淹掌教期间作《南京书院提名记》，使得应天府书院声名大噪，后又聘请大儒孙复讲学，使得该书院成为中州第一大书院。其他地方的兴学也是有声有色，乃至有的地方会借助名人效应进行宣传，因此洪迈才需要在《容斋随笔》中纠正鄱阳学的真正兴办者是草民张氏，而非范仲淹。

在学术思想上，宋代最突出的便是宋学的形成，这也与兴学和政治名臣有关。而在天水一朝，学术上的真正起兴也是始于仁宗一朝。作为一个后来者，纵观古代学术的变化，自中唐有一变化。啖助、赵匡、陆淳等人治《春秋》，他们"舍传求经"，开启了不一样的治学道路。韩愈作《原道》，仿佛道而立儒家道统，又排斥杂说，直指人伦，后其徒李翱作《复性书》将之发扬光大。但时间到了唐末五代，学术思想同政治、经济等一样，也遭遇了沉寂。赵匡胤一扫唐末五代的阴霾，建立宋朝，学术思想也开始有了新的发展，而其真正有声有色则是始于宋仁宗一朝。此时的代表人物，即宋学的代表人物，就是人称"宋初三先生"的孙复、石介、胡瑗。他们聚徒讲学，又先后入国子监讲学，教授生徒。他们教授生徒时疑经惑古，打破汉唐之时疏不破注的规矩，不再注重章句训诂之学，而是通过讲论的形式探索经书的义理，力求把握儒家学说的本质，轰动一时，以至于当时的皇帝也莅临听讲。

凑巧的是，不仅这三人，即便是后来的理学名家张载，也与当时的名臣范仲淹存在关联。范仲淹主持应天府学而召孙复讲学，孙复门下高徒，除了当时的名臣文彦博外，还有后来身居宰辅的范仲淹之子范纯仁。胡瑗与范仲淹结缘于苏州，当时范仲淹在苏州办学而聘请胡瑗，且以己子纯祐拜师胡瑗，后又举荐胡瑗入朝为官，又与范仲淹一同到陕西守边。石介则卷入当时的党争，作《庆历圣德颂》而被对手陷害至死。张载年少之时心向边地，当时的范仲淹正在西北戍边，年少的张载携带着自己的新著《边议九条》前往投军，但范仲淹认识到张载极具学术才能，劝说张载"儒生自有名教，何必从事军事"。

仁宗一朝的几位学术人物皆与当时政坛名臣范仲淹交好，其根源之一就是他们的学术思想存在共同性。前文已述，宋太祖一扫唐末五代的阴霾，开创了政治和制度上的新局面。随着政治和经济的发展，众多的文士也企图改变自汉唐以来的学术思想。范仲淹既然能领导轰轰烈烈的"庆历新政"，则其学术思想中必然含有"变"的哲学。后人也认同了范仲淹对这些人的影响，清人全祖望续修的《宋元学案》中，以"高平范魏公"作为对范仲淹在学术上的尊称，而《高平学案》中的门人有张载、石介，《高平讲友》中有孙复和胡瑗，因此以上五人在学术上有其共同性。他们这一派俱以《易》和《中庸》为学术的根本。他们不仅在学术上是洛学、官学和濂学的先导，在学术传承上亦然，《高平讲友》中有周敦颐，而胡瑗的另一门生便是后来的"小程子"程颐。

纵观以上几人的学术思想，范仲淹提倡变革，他奉行的是《易》中的"穷则变，变则通，通则久"的学术思想。"宋初三先生"接过了韩愈的大旗，提倡儒学的道统，排斥佛老。其中，胡瑗认为儒家的纲常名教是不变的"体"，儒家的诗文典籍是流传后世的"文"，士大夫应该"明体达用"，即明晰儒家的纲常名教，要用儒家的诗文典籍付诸实际，经世致用；孙复结合实际，提倡正统观念，认为中原地区的宋王朝才是正统，贬斥周边的其他民族政权；张载将"性"分为天和人两个层次，前者出于天赋，后者出于后天习养，体察修养之道就是在于磨去气质之性而培养天地之性。另外，张载"为天地立心，为生民立命，为往圣继绝学，为万世开太平"的"横渠四句"同范仲淹的"先天下之忧而忧，后天下之乐而乐"一样，流传千古，成了后世文人的座右铭和处世目标。他们很好地起到了承接作用，他们承接于韩愈，承接于范仲淹、戚同文，又通过周敦颐、张载以及程颐等学术名家，传承了他们自身的学术理念，促进了后世理学的发展。

同时，他们接过来的不只是韩愈学术的大旗，还有文章革新的旗帜。中晚唐虽有韩愈和柳宗元的古文运动，但经历唐末五代，北宋建立之后却没能继续。反而因为杨亿、刘筠和钱惟演等人的提倡，秉承唐末五代余绪的"西昆体"逐渐流行，乃至科举时文也是这种讲对偶、重辞藻和声律，但轻实用的文学体裁。宋仁宗时期，在强调政治变革的同时，因为涉及科举取士问题，文体改革便逐渐提上日程。真正使文体得到革新也是在宋仁宗朝，而其代表人物便是石介和欧阳修。

石介与欧阳修和蔡襄同年登第，欧阳修推崇石介的诗文，石介也很推崇古文，著有《怪说》，认为以杨亿为代表的西昆体诗文"淫巧侈丽，浮华纂组"，并严厉指斥。与石介相比，欧阳修则更居功至伟，在当时已然成了文坛领袖，创作了众多古文，而其嘉祐二年（1057）主持科考，用强力手段矫正文风。那一年的科举也是人才辈出，却又跌宕起伏。那一榜进士中，当时的时文代表者刘几落榜，参试者有苏轼、苏辙二兄弟，以及欧阳修的门人曾巩。不过，后来刘几更名刘辉以古文应举，方得中举。由此也可知欧阳修对纠正文章之弊的决心、力道以及实效。

不过，这次科举真正被后人传为佳话的是对状元的选择。当时欧阳修作为主考，手持苏轼试卷，但欧公认为有如此文采的只有自己的门生曾巩，因此这篇"曾巩"的文章被定为次等，真正的曾巩文章被定为头名，这也是一桩美谈。回头看明人所定的"唐宋八大家"，有六人俱在宋仁宗朝，欧阳修是当时的文坛领袖，曾巩是欧阳修的门生，"三苏"俱得欧阳修举荐，且苏氏兄弟与欧阳修存在座师和门生的关系，而王安石在嘉祐四年（1059）上万言书。不可否认，仁宗朝是众星璀璨的时代，而最为民间所熟知的那一颗星无疑则是包拯！

二、三谏仁宗

相比于以前的王朝，北宋时的官僚队伍颇为庞杂，其中言官包括负责谏正天子的谏官和负责监察百官的台官。他们上讽天子，下察百官，对重大问题可以风闻言事，与宰执大臣形成"异论相搅"的局面，而这使得仁宗一朝的台谏官大放光彩。入朝之后，包拯曾三度出任台谏官，而这段经历对后世作品中包拯不畏权贵、为国为民形象的塑造，起到了重要作用。

庆历三年（1043）十一月，四十五岁的包拯由权御史中丞王拱辰举荐为监察御史里行。庆历四年（1044）八月，改为监察御史。按宋制，监察御史里行与监察御史的职能相同，官卑者谓之"里行"，他们的职责都是纠察各部门的失政之处，若是大错则上疏弹劾，小过则予以批评指正，在祭祀时还负责监察百官的仪态。监察御史不仅要前往中书门下、枢密院分察其事，在地方出现重要事件或重大纠纷而京官无法妥善处置时，他们还要呈文参见，并上殿论奏。

包拯从出任监察御史里行的那一刻起，就兢兢业业，积极建言献策。在其担任监察御史里行的前一年，即庆历二年（1042），宋与西夏虽然已经签订和议，以夏向宋称臣，宋向夏恩赐茶、绢、银的方式结束战争状态，但此时的包拯没有安逸于和平景象，而是积极上疏谈论边境事宜。并针对之前北方的"兄弟"国家——辽国在此期间趁火打劫，索要关南旧地的行为，积极上疏寻求解决之法。《论昊贼事宜》便是这样一封奏疏，此疏所论虽是西夏之事，而其发端却是担忧辽国。后包拯又上疏以论辽国事宜，在这次的上疏中，包拯直言辽国敢于索要无厌，其原因就在于宋朝自身后院起火，西夏难平。另一原因则是其内部原因——

俸禄稀薄。但在西、北军事均告急的情况下，宋境之内却是河朔千里，郡无良将，军营之中亦无善兵。针对如此情形，包拯建议派遣两府大臣前往各路宣抚措置，召见大臣将帅商议谋划之策，并选择良将，以素习边事之人为守将，严加守御，精练士卒，广备粮草。包拯还上《请重坐举边吏者》，请求连坐不法边吏的举主，以此加强边吏队伍的建设，稳固边疆事宜。

宋仁宗时代可以称得上北宋治世，但于外与周边政权还存在一些军事摩擦与冲突，于内偶尔也有一些兵变发生。保州兵变时，时人都在惊呼"一年多于一年，一伙强于一伙"。这场兵变的谋叛者杀害官长，据城而乱，北宋官军屡攻不下。对此，包拯上《论保州事宜》，主张派遣有才干的内臣入城宣旨，施恩于其首领，赦免其罪，以和平手段平息变乱。面对京东地区的民乱，包拯要求精择诸路按察官以及诸州长吏，并委任安抚、转运、提点刑狱司，专切察举，严格惩办不能认真办事的官吏。又请选差御史台官员一名，前往体察民间疾苦，并督责州县，使之不敢顾避。除却腹里之地，南方少数民族地区也有民变发生。包拯出任台官的同年，湖南地区动乱，遍及荆湖南路和广南东路的八州之地。针对这一严重形势，包拯上疏主张由江西起兵进讨，且疆界相连，民俗颇同，其人必然可用。也曾上疏请求对平乱有功的李用和等人按功酬奖。

作为台谏官，弹劾百官自然是包拯的主要职责，他的奏疏涉及当时吏治的也相对较多。包拯谈到了官员的管理，主张仍以糊名誊录之制选拔官员。同时，包拯要求无论是上自"燮理阴阳"的宰相，还是下至县令、边吏，授官都要慎重。而且对边地的官员尤为重视，请求慎择广南一带的知州和职官。对官员应进行考校，不应当以苛虐之人充当监司以履行这一职责。对贪官污吏，则需严加惩处，这里面既涉及举官不当之人，也包括官员本身。正如前文所述，御史台有权受理地方及中央相关机构无法昭雪的案件，故包拯的奏疏中也谈到了当时的司法问题。其中，由于当时部分州郡产生冤案，提刑司察举不明，最后是转运司的官吏发现了案件中的曲折，因此包拯上奏《请令提刑亲按罪人》，要求提刑司的官吏加强对本路州县案件的审查，以减少冤案的发生。

除御史台，谏院也是北宋监察系统的一部分。谏院设于宋真宗天禧元年（1017），负责规讽谏谕。但凡朝政存在缺失，大臣至百官任非其人，三省及百司事有违失，"皆得谏正"。这一官职的职能与御史台有所重合，旨在直言规劝。若朝政有缺失，大则廷议，小则上封。廷议，即廷臣会议，是中国古代朝廷的议事制度。当出现有关天下利害之事时，皇帝就可召集廷臣商议。若是观点不一，则可由皇帝裁决或是听从大多数臣子的意见。上封，即上封言事，将所奏之事写下，并放置在皂囊内封好后呈进给皇帝。包拯曾在皇祐二年（1050）担任知谏院。

包拯担任知谏院时已经是仁宗朝后期，相较于前期，此时的仁宗对朝政已经略显倦怠，对不少以公谋私、阿谀谄媚的官员并不加以约束，从而导致相关政令出现废弛的情况。包拯身为当时的台谏官，挺身而出，直面这一情况，并提出补救良方。当时御史台官员上疏直言朝政存在缺失，而皇帝令台官上前分析。包拯在《论台官言事》中认为这有悖于台官的职能，还提出今后台官上疏言事，若有过当，毋令上前分析或者下诏劝诫，如果是恶意徇私，则另当别论，对其严加惩处。另外，当时的一些官员有的为了权势，有的为了一些俸禄，不能切实履行七十致仕的制度规定，因此包拯在《论百官致仕》中提出，应该严格执行文武官僚最迟七十岁也得退休的规定，敦厉风俗，这样也会减轻国家的负担。皇帝亲自决断司法案件，每年在四五月份，并且通常刑罚会有所减免，但近来三司、开封府在四月决断案件，多有拖延。因此包拯上《论疏决》说明了这一情况，并要求今后到了三月，就严令将应当处决的公事尽快了结，不得拖延，并令当职的官员亲自检举，以杜绝奸弊。

纵观包拯担任知谏院时所上的奏疏，除言及官员行为与为官准则外，还涉及当时官吏的选罢、财政、赈灾、司法等诸端。同时，对仁宗皇帝，包拯也是直言劝诫，如在《请绝内降》中，包拯义正词严地指出，皇帝不应该任人唯亲，这样不仅失之偏颇，更会失去天下百姓的信任。对于外戚的不法行径，包拯更是毫不姑息。若论仁宗时期跋扈的后妃，估计很多人第一个想到的便是死后被追谥为温成皇后的张贵妃；若论仁宗时期嚣张跋扈的外戚，很多人第一时间想到的便是张贵妃的伯父张尧佐。张贵妃欲彰显张氏门第，不断给仁宗吹枕边风，不顾官员的正规升迁制度，多次逾矩提拔张尧佐。

宋仁宗过度宠溺张氏，甚至以朝廷要职取其欢心，在就"任张尧佐为宣徽使"这件事上，仁宗皇帝更是朝令夕改。包拯便联合台谏官再次抗争，当面反对这一任命。最终，在包拯等人的多次抗争下，宋仁宗只得收回成命，并对包拯承诺如果张尧佐之后还有升迁，一定会听取台谏官员的建议。除了后妃和外戚，宦官也是祸乱朝政的主要力量，但他们又是皇权的附庸，因此包拯也上疏弹劾了当时的宦官，请求皇帝止绝内降，减少恩赏。

包拯不仅敢在"龙口"里拔牙，直言规劝仁宗皇帝，对于当时诸官敢为非作歹的，他更是敢言直谏，无论对方官位高低，都毫不畏惧。包拯在知谏院期间，所弹劾官位最高者当数当时的宰相宋庠，认为其人治家不严，管教子弟无方，在朝之时并无多少政绩，且一听弹章，便立即隐退，而这又有亏臣节。当时的官僚群体中的一大难题便是冗官，于是包拯便在《论冗官财用等奏》中对比了真、仁两朝在朝官员的人数，认为前朝所涉官员，均未能如本朝之闲冗，官僚们的俸禄均来自黎民百姓，百姓为此承受着沉重的负担，所以包拯要求裁撤冗官。与此同时，包拯也为举荐有用之才而积极上疏，如《请录用杨纮等》《请留吴奎依旧供职》《请选人知虔州》《请选用提转长吏官》《请选利州路转运使》《再请选转运提刑》等疏。同时，也会请求留用一些贤才，如包拯曾上《请召还孙甫张环》，委任以近职。

仁宗后期，除了西北爆发民变外，天灾也是频发。当时的灾异遍布荆湖、江浙及江淮等地，身为谏院实际长官的包拯并没有默不作声，而是积极献策。他在《论放欠》中认为，大赦过后，百姓原来所欠的税款，应该按照规定予以减免。在《请支义仓米赈给百姓》中，鉴于荆湖、江浙等路因为去秋的旱灾而田苗无收，又逢灾后粮价涌贵，上述两路百姓之中的强壮之人沦为盗贼，而孱弱之人只能转死沟壑，于是包拯建议，如果当地百姓缺粮，就应该及时打开义仓，用其中储存的粮食救济百姓。在《请救济江淮饥民》中，他建议停止受灾州县的配籴和各种科率。兴修水利必定会耗费民力，因此包拯在《论修商胡口》中请求拨内藏库现钱一百万贯，并令三司严加管理，以减轻民夫苦难的方式修建商胡口。

皇祐四年（1052），包拯即将出任河北都转运使，但担心宋仁宗会放松纳谏，也是为了鼓励宋仁宗纳谏，他便将魏徵呈送给唐太宗纳谏的三篇奏疏转呈宋仁宗，并写专疏述说此事，也就是《进魏郑公三疏札子》。在这篇奏疏中，包拯称赞魏徵是"忠直无隐之臣"，认为贞观年间的政风可与夏商周三代相比拟，而这其中的原因之一就在于魏徵知无不言，唐太宗则逢谏必纳。而且包拯认为，魏徵的建言虽然是在三百年前的贞观时代，但实际上也可应用于当时。最后他用"知之非艰，行之惟艰"的古训告诫宋仁宗，不仅要时时御览魏徵当时的奏疏，而且应该践行魏徵给唐太宗所上的谏言。

嘉祐三年（1058），包拯出任右谏议大夫，权御史中丞，成为台谏官的首领，也由此成为宋仁宗的重要参谋。此时，宋仁宗已步入晚年，但贯穿于仁宗一朝的最大问题——储嗣问题还没得到解决。宋仁宗继位后，多年未有子嗣降临，便养宗室子宗实（后来的宋英宗）为子，在自己诞下子嗣后便将宗实遣散回原宫。在宋仁宗所诞育的子嗣中，皇子中最长者，也是最长寿者，乃苗德妃所生的赵昕。虽然赵昕出生时宋仁宗觉有神异，并赐小字"最兴来"，但这不仅没有使这位皇子长命百岁，反而小小年纪便谢世而去，未及成年。赵昕去世后，虽然宋仁宗一心盼望再诞皇儿，以使自己直系继承大统，但现实却十分残酷，宋仁宗虽多置馆阁以储后妃，但所降皆是皇女，虽排行至十三皇女，也未能有皇子降世。赵宗实与高氏结婚时，虽然有官家儿娶皇后女的美谈，但无论宗实还是高氏，他们都非皇帝或皇后亲生，且曹皇后还有欲以高氏服侍仁宗的想法。因此，终宋仁宗一生，再无亲子降世。

再者，仁宗皇帝抱恙多年。至和年间，中年的宋仁宗突发心血管疾病，乃至出现言语障碍。因此，伴随着宋仁宗年龄的日益增长，身体渐衰，子嗣不旺，立储便成为当时的难题。无论是身为宰执的韩琦、富弼，还是身为细民的张氏，都主张宋仁宗暂养宗室子为皇子，以备危急时刻。包拯作为台谏长官，也建议选拔宗室之中的贤能者立为皇子，然后立为皇太子，以定天下之本，以安臣民之心。对此，仁宗质问包拯想立谁为储君。面对皇帝认为其有不轨之心，包拯大义凛然，直言自己请立太子是出于对宗庙社稷的考虑，并且直言皇帝如此是对自己的不信任。面对如此危局，包拯直言自身年已花甲而无子嗣的情况，不是为了给子孙后代邀福。

晚年的宋仁宗，在颁发诏令上稍显儿戏，竟出现了朝令夕改的情况。担任台谏首领的包拯在《论诏令数易改》中，认为此举不合法令，因此建议自今朝廷必须慎重，或在下令之前若有臣僚上言利害，并请先下两制集议，如果可以为经久之制，方许颁行。于后如果只是有较小的差异，但不会蠹政害民的法令，则不可发生数次更易的情况。当时公用钱多被挪为他用，因此包拯在《请罢天下公用回易等》一疏中，请求宋仁宗颁布诏令禁止将公用钱用于回易，但对于边地应视其情况特殊对待，尤其应该禁止将公用酒食和布帛用于赠送，如果有人明知故犯，就请科断其违制之罪。包拯也谈到了当时官民的待遇问题，在《请减节假日》中，希望减免百官在寒食节前后的假日，并且不允许较早回归私第。

在那个君权神授的时代，九五之尊的皇帝并不是毫无畏惧的，身为"天子"的皇帝的畏惧之一便是上天，而灾异便是上天示警。包拯在《论日食》中认为，在正阳之月发生日食，并且还伴有火灾发生，这便是天示异警，表示上天希望帝王反省自身，躬行节俭，并征求臣下进言，以补自身和朝政中的过失。随即包拯又提出了其他的应对措施，他在《谨天诚》中提出了选拔贤才、伸张纪律、开劝谏之路、关闭侥幸之门，朝廷内外、中央和边地共同携手以应对上天的警诫。

包拯身处庙堂之时，无论是身为低阶的监察御史里行、八品小官的监察御史，还是后来主管谏院、官任台长，其心中所系仍是广大的黎民百姓。有宋一朝，折变出现的初衷是为了节省运输时的成本，却给百姓增加了负担。因此在担任监察御史时，包拯先后在《请免陈州添折见钱》和《请免江淮两浙折变》中讨论了这一问题，且后者是连上四章。包拯鉴于当时的干旱灾情，以及有司只计国库的充盈，而不考虑苍生的困顿的情况，建议令本州根据时价从速进行折算，即按当季所收获的作物纳税，或者将其变卖而用现钱纳税，改变之前将作物变卖再购买国家所需的其他纳税物品的方式。包拯心怀百姓，此举的动机亦在于使百姓稍获休息。当时，有"鹿皮道者绍宗"大开奢侈之端，营建寺庙，熔铸佛像，且其自毁躯体，妖言惑众，对社会造成了不良影响。对此，包拯上疏请求将绍宗于外处安置，以免其混淆视听，扰乱平民。包拯担任知谏院时，宋仁宗有意修造上清宫，包拯立即出面制止，认为当时不仅"边鄙不宁"，而且如此大费钱财势必对百

姓带来伤害，他上疏表示皇帝应该关心边事，关怀百姓，不应该
先兴不急之务和加征无名科税。

包拯关于外交上的一些建议，其初衷也是为苍生考虑，如包
拯在《请免接送三番索取》中认为使臣三次索取的物资本就很
多，于此之外还有额外的需要，因此建议在迎接外使时，应该当
即就把赏赐事宜处置妥当，并且严禁沿路官府以酒食招待，还要
坚决杜绝送给使臣礼物的情况发生。同时，为了避免劳民伤财，
包拯又上《请免接送北使三番》，希望宋仁宗能够认真考虑。或
许当时送予使臣的物资过多，造成了严重影响，因此包拯不止一
次提醒宋仁宗此事，希望他要注意当时的赏赐问题，应该赏罚有
度，而不应该滥加赏赐。

在古代中国，盐、茶是非常重要的商业贸易品。盐对于官民
大众的重要性自不待言，茶在唐代之时变得日益流行，并逐渐向
中下层社会转移，因此唐德宗时才会征收茶税，而到了宋代，饮
茶之风真正进入寻常百姓家。但是，关于茶应该是官营还是私
营，自从宋太宗之时就存在争论，直到宋仁宗时期仍然未有定
论。包拯也参与其中，他在《论茶法》中将当时的茶法与宋太宗
和宋真宗时的状况比对，认为不应该草率决定茶法，因为这一项
法令事关天下百官万民，所以包拯针对此事连上两疏，以劝谏宋

仁宗应该谨慎应对。

对于盐法，包拯则是通过讨论主治之臣以发表自己的看法，如其所推荐的范祥涉及的便是当时的盐法。另外，因为西夏产青白盐，所以盐法的确立除了商业外，还涉及当时的边防和外交。而且盐的食用范围更大，更是涉及千家万户的民生事业，显得尤为重要。

范祥是陕西本地（邠州）人，进士及第，多次担任经济类的职官。他通晓财利，多有良策提出，以至于后人不敢改变其所定方略，只是在数字上做些增减。范祥的仕宦生涯中，也多次与盐打交道，他先是管理过解（今山西省运城市）盐，后又提点陕西缘边地区的青白盐。

关于范祥在盐法上的治绩，包拯毫不吝啬赞美之辞，曾言"范祥所推行的陕西地区的盐法，推行了十年，每年所减少的榷货务的钱数多达数百万缗，他的功绩足以记录在史册之中了"。包拯在《再举范祥》中则言道："考察范祥所勘定的盐法，自皇祐元年正月到二年十二月终，共收到现钱二百八十九万一千贯多，相比于旧法，这两年共增收五十一万六千贯多，今年的春天又收到现钱七十多万贯，另外还买到众多粮食。"因此包拯请求宋仁宗按照自己之前所奏，任命范祥为本路转运副使。最终宋仁宗同意了包拯的请求，任命范祥为陕西转运副使，并赐予金紫服饰表达宠渥。

但不可否认的是，范祥也有老马失蹄的情况发生。《续资治通鉴长编》记载，皇祐五年（1053）四月范祥被罢官。起初，范祥声称每年可收缗钱二百三十万，但后来不能实现。皇祐三年（1051）时收二百二十一万，皇祐四年（1052）为二百一十五万，但相比于庆历年间，无疑是增加的。但时间久了之后，刍粟出现了估值过高的弊端，券值也出现了贬值的情况，每年损失的国家收入不下百万。因此，当时的三司使张方平和御史中丞包拯建议再次起用范祥。范祥入职后，请求禁止向官方输送过多的刍粟。券值与嘉祐以前相比，每券需要另外输送一千钱，方能领取到官方经营的盐。从这之后，国家收入才稍微恢复到范祥当初承诺的那样。

包拯任谏官时，也遭到过当时士大夫的批判。其中，比较有争议的便是连续弹劾两任三司使张方平和宋祁。其饱受争议的原因是，包拯多次弹劾二人，强烈建议不应该命二人为三司使，最终将二人弹离这一职位，自己却当上了三司使。现在我们不妨再看看包拯弹劾张方平一事。包拯先是直接到中书，指责当时的宰相没有早早罢免张方平。后于嘉祐四年（1059）三月，年过花甲的包拯再次上疏弹劾三司使张方平敛财。观当时事之缘由，京城富民刘保衡开设酒场，因为没酒曲便欠下了官府一百多万钱，三司便派遣胥吏督责刘保衡还钱。刘保衡便变卖产业还钱，张方平便买了刘保衡的产业，刘保衡得到钱后就送到了官府而没有放在家里。当时正值刘保衡的姑母状告保衡不是刘氏子孙，无赖放纵，败坏了刘氏的产业。于是官府便派遣吏员核查，结果属实。虽然此处并没有说刘保衡的标价和张方平所费钱额，但刘保衡既然是贪图刘氏产业的无赖子，则其为了获得钱财绝对是贱卖"家产"，因此张方平才会落得个"贱买"的口实。

再看弹劾宋祁。张方平被罢免后，朝廷任命宋祁担任三司使，但在宋祁担任三司使的同月，包拯就发起了弹劾。但观察宋祁出职始末，实际上受到多方力量的影响。当时的右司谏吴及说宋祁在定州时治家不严，纵容家人借公使钱多达数千缗，且其在蜀地任官时奢侈过度；包拯除了说到宋祁在生活上没有节制外，还有另一个原因，就是其兄宋庠官居宰辅，身处机密，若宋祁再担任三司使，则其兄弟二人权任过重，因此请求让宋祁任外官；另宋祁亲兄宋庠也多次说到自身官居宰辅，亲弟不宜掌国家财政。正是在这三方力量的影响以及多重因素的主导下，宋祁才被罢免三司使一职。虽然欧阳修有所谓"蹊田夺牛"之议，但包拯弹劾张方平和宋祁，并不是为了自身能够担任三司使。而且欧阳修所上疏中也谈到是为了对言事官的权力有所限制，担心其他言事官会为了得到某一官位，而效仿包拯弹劾他人而自身居于其位。包拯所作所为虽也是为了限制官员权力过大，担心其危及国家，也是为了官僚队伍的廉干纯洁，但这也会给他人无端发起议论提供无须具体证据的借口。

而引起后世争议的原因还有包拯弹劾张方平和宋祁的奏疏，实乃关乎包拯之大节，但《孝肃包公奏议集》中并未有载，只在李焘的《续资治通鉴长编》中有部分文字。而后世文人认为，应该是张田在编《孝肃包公奏议集》时的疏忽，不是子孙避讳此事。而且事后包拯虽然有所回避，但宋仁宗还是任命包拯为权三司使。因此包拯弹劾张方平和宋祁完全是出于公心，而非因为自己的私欲，毕竟当时的最高领导者也表现了对包拯的充分信任。而欧阳修对包拯的弹劾，是出于纯粹的名节问题，这反映了宋人好为议论的习气。

综上所述，作为谏官的包拯曾经数度触碰宋仁宗的逆鳞，却安然无恙，这便不得不再从宋仁宗身上寻找原因。在《东都事略》中，王称写宋仁宗"尊敬大臣，容受直谏"，"如果遇有灾异发生，必定会不穿鞋站在殿中为国家和万民祈祷，祈祷完毕后则会退到后殿思考发生灾异的原因"。关于宋仁宗的纳谏，朱弁在《曲洧旧闻》中谈及"仁宗皇帝至诚纳谏，自古帝王无可比者"。《曲洧旧闻》还记载了这样一件事：宋仁宗退居后宫，怀中还有言官的奏疏，当时梳头的宫人是仁宗平日所喜爱者，便询问奏疏内容。仁宗说是因为今日霖雨，言官要求放免宫人。宫人问："言官的话一定要推行吗？"仁宗答道："台谏官的进言，我怎敢不推行？"这名宫人仗着仁宗的宠爱便说首当遣出的应是自己。果然，后来所下旨意遣放的宫人中第一个便是这个掌梳头的宫人。曹皇后问为何要将自己所钟爱的宫人遣散出宫，仁宗答道："此人劝我拒绝谏言，怎么能安置在我左右呢？"对此，曹皇后也告诫后宫说："不要妄言，不要干预外朝之事。你们见掌管梳头的宫人了吗？如果你们胆敢违犯，官家也一定容不得你们！"

包拯三度出任台谏官，从监察御史里行到权御史中丞，最终成为台谏官的首领、宋仁宗朝的重臣，最后以"真中丞"并列"嘉祐四真"（其他"三真"为"真宰相"富弼、"真翰林学士"欧阳修和"真先生"胡瑗）之一而名垂青史。正是因为包拯担任台谏官时，敢言直谏，乃至弹劾皇亲贵戚，直戳皇帝痛处，为后世展现了一副不畏权贵、为国为民的大无畏形象。

三、和而不同

"和而不同"出自《论语·子路》篇，子曰："君子和而不同，小人同而不和。"其原意是说：君子在与人交往时能够保持和善的关系，但不会在具体问题和看法上苟同于他人；小人在习惯上会迎合他人的观点，但内心深处却不会抱有一种和善的心态。

作为北宋王朝的一分子，无论是身为君王的宋仁宗，还是分散在各个部门的官僚，无疑他们中的大多数都希望国泰民安，这就是一种"和"。但站位角度的不同，所代表群体的不同，往往会使个体之间的一些想法和做法存在差异，这就是"不同"。但他们终究取得了一致，同舟共济，共同促进王朝的发展、生民的安泰。

对于宋仁宗继位后的这四十二年，张其凡先生曾经撰文认为，这一时期皇权、相权以及台谏权三足鼎立，互相制约，最能体现宋代皇帝与士大夫共治天下的特点。而包拯与宋仁宗的君臣之遇，便是这一时代的特定产物。《宋史》列传第五十四的传论曾评价说：宋仁宗在位时，北宋已走过百余年的历史，海内和平，上下安逸。随着西部战事再起，关中地区屡被困扰，宋仁宗起用各类人才改革内外，于是忠心耿耿而不趋炎附势的名臣辈出。

从当时的最高统治者来看，相比于北宋的开创者太祖、太宗，仁宗给人的印象是有些懦弱。然而与之形成鲜明对比的是，这一时期的文臣武将着实灿烂，以至于人们对这些著名人物的关注度超过了对帝王的兴趣。但需要指出的是，或许正是仁宗的性格使然，营造了一种君王提拔、臣僚勤勉、和而不同、百家争鸣的政治景象。后世的很多文学作品便纷纷以这一时代作为背景，对包拯的有关故事进行创作。

再回看宋仁宗时代的君臣际遇。这一时代经历了唐末五代的乱离以及宋初三朝的奠基，此时的宋代臣僚致力于重建传统的伦理道德秩序，以维持社会和国家的稳定。君王作为国家和朝廷的具体化身，他们更强调单方面的、绝对的和无条件的忠君理念。具体的表现便是历任四朝而官位不坠的冯道，在五代时期犹为他人称羡，但在宋代却成了"无耻之尤"的反面教材，受到了广泛的批判。即便是创立了丰功伟业的唐朝，也被宋代官僚批评为"三纲不立"，受尽了冷嘲热讽，并且由此引出了两部史书的诞生，即《新唐书》和《新五代史》。

宋代群臣推崇忠君观念，却并没有造成君权的无限度膨胀。

君王对臣下的基本人格和尊严仍然保留着几分尊重，与士大夫集团在政治以及其他领域均能较好地协调彼此之间的关系，不杀言事者便是其中之一。虽然太祖誓碑及其内容都存疑，但宋代前期对言事官的态度也可从其他方面窥探而知。如苏轼在《上皇帝书》中言道："从秦汉到五代，因为谏诤而死的不止数百人，从建隆（宋太祖的开国年号）以来，没有将一名言事官治罪。即便有小的责罚，不久之后也会立即将其升迁。允许风闻言事而无须证据乃至上殿分析，其所风闻的对象，无论对方是不是官长，也可不问对方的地位尊卑。即便所言事实涉及天子，天子也得因之变色；若是事关朝堂，那么宰相就得待职谢罪。"这一做法无疑有利于广泛收集士大夫的治国良方，得集思广益之效，减少决策失误，提高行政效率，以保证统治稳定。

这样一种宽松的氛围也引来了臣下的精忠报国。当时的"君主能够接受直言，养成了臣下的刚劲之气。朝中如果有处置不当的罢免，或者是不方便的政令，则正直的言论旋即集于宫阙，臣僚各自尽忠，即便是皇帝爆发雷霆之怒也不会有所闪避"。宋朝重用文士的政策也使当时士大夫的角色意识发生了转变，上述的忠君观念即是其一。同时，当时的士大夫又践行着儒家"修身、齐家、治国、平天下"的信念，他们意识到大丈夫当兼济天下、为国为民。包拯的公忠体国、置身家性命于度外就是这种精神的一种具体体现。反映到朝政上，则是士大夫的参政热情极高，不用担心因为自己的言论而获罪。

台谏官的遭遇便是明证。在宋神宗熙宁以前，御史台官员很少被贬斥，即便被调任到地方，也多是平调，但很快又被调回朝堂。御史台即便有官员因事被免除职任，其他官员仍然会谨慎小心、尽心尽力地进行修齐治平的伟大事业。宋仁宗时期的台谏官也是如此，甚至因为君王的宽容，更有过之而无不及。无论是宋仁宗率群臣向刘太后祝寿，以及后来遵从"大娘娘"刘太后的遗命，以"小娘娘"杨太妃为太后，还是宋仁宗废郭皇后，面对涉及皇帝后宫的事件，当时的台谏官都没有因为涉事者是宋仁宗的母亲或后妃而有丝毫退缩。为了维护自身的正确理念，台谏官群体甚至重叩宫门，包拯甚至拽着宋仁宗的龙袍，不让宋仁宗过早退回后宫，乃至他的唾沫星子都飞到了宋仁宗脸上。虽然某些官员因此被贬出京（如范仲淹等），但台谏官整体并未受到太大影响。其自身的权力和台谏官制度并未受到实质性伤害。以劝谏宋仁宗立太子一事为例，当时的心腹大臣富弼，只有在因守丧告假归乡之时才敢提及此事，但包拯却比较直接。当时的包拯仍在御史中丞的关键职位上，身为台谏官的首领，他便以上疏这一更加正规的方式劝谏宋仁宗立太子。这本就是为臣子的大忌，况且当时立太子，宋仁宗始终没能有亲子降世，实际上已经触及了宋仁宗的心病，一般臣子根本不敢提及。在包拯提出之后，宋仁宗只有一些言语上的责问，实际上包拯并没有受到经济上的处罚，更不必说被贬出京或者遭受身体上的伤害。并且宋仁宗在听完包拯的理由后，面露喜色，说"此事应当慢慢商议"。后来包拯虽然没有明言养宗室子为皇子，但又上疏陈说教养宗室的方法。

对外戚的弹劾，宋仁宗也能欣然接受，并为此创立法度。包拯和其他言官多次弹劾外戚，使宋仁宗感受到了包拯等人的忠心，便为此创立了相应的制度，并规定后妃之家不能担任中书门下和枢密院的职事。宗室本就是天潢贵胄，基本上是全天下最尊贵的人，也是和皇帝最亲的人，他们的事也可算作皇帝的家事。包拯虽然在御史中丞的职任上多次干预赵宋一朝皇帝的家事，但宋仁宗并没有因此责罚包拯，而是尽数付诸实施，由此也可见宋仁宗的度量。

包拯又数度上疏，以抵制宋仁宗的内降传宣。庆历二年（1042）五月，身为内东门手分的周景与胡可观盗用公家罗帛并纳于自己怀中。当时的判决是周景为首当处死，胡可观作为从犯被流配千里之外的牢城。但周景畏罪潜逃，直到次年三月才被抓获，后又趁着晚上未能审定，再次逃亡，但这次立即就被抓获。传言宫中有内降传出，只处以分配到北作坊作为工匠的处罚。包拯听知此事后，身为御史台官员的他立即上《论内降周景札子》据理抗争，认为周景所犯过错本就很重，免去死刑已经很优厚了，如果再免除了刑罚，实际上会出现"长恶"的情形。包拯虽然在此疏中直言皇帝过错，但皇帝本人并没有降罪于包拯。甚至，包拯还"非议"自真宗朝定下的国策，对宋廷送予辽国的岁币用"赂"来形容。"赂"字的使用表明包拯对宋辽之间所谓平等关系的怀疑，认为每年输送岁币有辱国家尊严。但并没有惩罚包拯的相关史料流传，因此可以说明在当时无论宋仁宗还是当时的宰辅团队，都没有惩治包拯，这也表现出当时的宽容政策和政治氛围。

从当时群臣的越职言事中也能看出这个时代的包容。以包拯为例，除了上述在担任谏官之时，越职言事维护御史台官员的制度，他在担任三司使时，也上疏讨论了当时的祭祀之事，而这本就不属于财政方面的政事，因此包拯这次上疏也属于越职言事。包拯上《请四后各祭其庙》疏，讨论了当时的皇后祭祀问题。在这一奏疏中，包拯鉴于当时的排位顺序、用乐问题、祭祀顺序等相关问题，请求分别祭祀四位皇后于其庙中。他也曾请留用知唐州赵宽仁，以及请求宋仁宗录用范祥。在出使辽国的时候，他也谈到了边疆官吏的选任问题，并谈到了宋代整体的边防问题。在出使归来之时，又上《奉使契丹辩雄州便门事状》疏，请求"以比较保密的方式告诫雄州，但凡有打探情报的事宜，要更加慎重，以免泄露"。

吴曾在《能改斋漫录》中谈及："仁宗皇帝守成，皆遵守先朝法度。"此语虽难以包括"庆历新政"等举措，但宋仁宗对台谏官的宽容，正是其继承了祖宗法度中"重文"的结果之一。关于包拯在担任知谏院时言辞的激烈程度，彭乘在《墨客挥犀》中谈到，"包拯自御史知谏院，危言正议，激烈程度足以倾动朝野，但宋仁宗经常是温和地采纳包拯的谏言"。虽然宋仁宗身边的近臣对此也有微词，宋仁宗却表现了极大的宽容，说道："忠直之言必然是苦口而且逆耳的，这是因为有所裨益。如果上谏的忠直之言没有什么好处，但也不会有什么坏处的话，又何必拒绝他的谏言而指责他呢？"

再观仁宗朝的士大夫，他们大多是政争，而非私人恩怨。陈栎在《历代通略》中记载了吕中这样的一段话："自庆历以后，杜（衍）、富（弼）、韩（琦）、范（仲淹）相继秉政，而朋党之论遂起，但君子这一类人最终获得了胜利，诸贤才论事如同争论，但公事完毕走出殿堂后也不会伤彼此之间的和气。"同时，吕中认为宋仁宗"仁厚有余，但坚毅不足"，这一论断似乎在说正是因为仁宗难持己见，所以才会允许臣僚们辩论出个是非黑白。以包拯为例，他的行为举止以义和正为尺度，且不与人苟合，不会将言辞和脸色作为与他人交流的工具。他的正色昌言，与当时人们所希望的相契合，也是宋仁宗所依赖和倚重的，因此宋仁宗对包拯也是体念备至。

然而，包拯始终是北宋众多官僚中的一员，他不可能丝毫错误都不犯。嘉祐四年（1059），三司中有吏员把应当发给禁军的折支延宕了八十五天，导致一些军员相互联结作乱。包拯或许没有查清此事发生的缘由，他的反应是包庇自己属下的吏员，不让其去接受审问，而这一举措却导致此案无法审理。对此，其他官员对包拯的徇私产生不满，当时负责审理此事的提举在京诸司库务胡宿便弹劾包拯。包拯对此很是惶恐，便派遣吏员接受审问。但包拯的仕途并没有受到此事的影响，反而很快升任给事中，正任三司使，并且在不久后担任枢密副使，迈入宰辅行列。

再看包拯与同僚的关系，也是一种"和而不同"。包拯的墓志铭记载他："不作私书，杜绝别人的私人请求，谨慎选择交游的对象。"在《包拯集编年校补》中，有五十五篇是在批评当时的同僚，其中指名道姓的有六十一人之多，在这六十一人中，不乏包拯的同年，如当时的保州通判石待举和江东提点刑狱令狐挺就是天圣五年（1027）及第，与包拯为同年进士。由此可见，包拯处世为官，秉持的是一种坦荡的精神，不会因为同朝为官，也不会因为对方位高权重，更不会因为对方是自己的同年而放弃自己的原则。另外，当初宰执队伍不同意罢免宋祁时，包拯前去中书门下斥责宰辅，当时的宰相就是韩琦，而韩包二人实是同年，同为天圣五年（1027）的进士。因此即便是同年，即便这位同年已经位极人臣，包拯也是毫不畏惧，敢于当面斥责。这其中的原因就在于二人同为君子，他们的分歧是出于政见的不同，而不是私人恩怨，即便当面争吵，也不会影响二人的私交，更不会在背后挟私报复。因此，包拯在大多数时候都是一种公正无私、不营私利的纯臣形象。

对于自己奖拔的后进，包拯也不会有私下的索求。《宋史翼》记载毕从古天资聪颖，性格耿直，与当时人多有不和，而真正了解毕从古的人也不多，只有杜衍、范仲淹、包拯、田况和刘湜五人，但毕从古并没有在私下拜访过以上诸人。毕从古与时人不和，而当时却有一些名人赏识他，但他并没有因这一层关系前去求助，历史记载中也未发现毕从古和包拯的私人关系。这一事件说明包拯作为公正无私、不营私利的纯臣，他所结交的也是这样的人。包拯是为国举才而不是出于个人原因，卢士宏多次担任州县官，在州县任职期间政声卓著，因此包拯和文彦博向朝廷举荐了他。但后来卢士宏和包拯并没有其他的交集，更别说私人往来，因此包拯和卢士宏二人是真正的君子之交。另外，包拯信任王尚恭，提拔侍其玮，他的这些举措均是出于为国为民的公心，因此史籍中没有包拯对二人寻求回报的举动。包拯主政开封府衙时断案有失（具体情节下文论述），属官吕公孺坚持依法处置，包拯不仅没有在后来的岁月中报复这位曾经的属官，而且还赞扬了他的职守，在后来的职任中也屡屡征求他的建议。

嘉祐七年（1062），六十四岁的包拯去世。正是因为包拯为官和做人的原则，所以在他重病之时，宋仁宗才会派人送药探望。举行葬礼时，宋仁宗亲自前往包拯家中凭吊，并为其辍朝一日。包拯的言行举止也赢得了世人的尊重，因此当他的灵柩停放在寺庙旁边时，众多官民前往吊祭。同样，正是因为包拯为官和做人的原则和方式，"包弹"一词的含义也发生了变化。回看"包弹"一词，原是出自李商隐的《杂纂·不达时宜》中的"筵上包弹品味"，其本义只是单纯的挑剔、点评之意。但发展到宋仁宗时，因为包拯不畏权贵，敢于弹劾，所以开封府的百姓又将"包弹"以名词冠于包拯身上，作为美誉。

很多时候，一个时代的特色及走向，受当时的杰出人物，尤其是最高统治者的影响甚重。放在宋代，具体则指的是当时的皇帝、宰辅团队，以及一些杰出人物。对于宋仁宗，南宋人王称评价他"以大公至正治理天下，不会因为喜怒哀乐而动摇自身"。元代史臣在《宋史·本纪》中则作如是评价："吏治上虽然有所偷惰，但所任用的人不是苛刻之人；刑罚虽然似乎有些松弛，但审理案件的多是公平允正之人。国政之中未尝没有弊端和侥幸，但这些弊端和侥幸都没有发展到拖累国家和朝政的地步；朝廷之中未尝没有小人，但他们的势力不足以战胜朝中的君子。君臣上下都怀有恻怛之心，秉行的是忠厚之政，因此奠定了宋朝三百多年的基业。后世子孙改变了仁宗朝治国的整体，因此使国家陷入混乱之中。"《宋史·仁宗本纪》说："为人君，止于仁。"宋仁宗无愧于这句话。

宋仁宗一朝历经四十二年，大体上分为三个阶段，每个阶段都有杰出人物产生。无论是刘太后垂帘听政，还是宋仁宗亲政之时，皆能人辈出。嘉祐八年（1063），五十四岁的宋仁宗与世长辞，离开了他的国度、家人以及臣工。伴随着这位君王的辞世，一个时代也最终落下了帷幕，老人终归落入尘土，新人又要走进新的时代。但"和而不同"的官僚关系和君臣关系，却没有随着这位君王的去世而成为历史。试看接下来的英（宗）神（宗）时代，波澜壮阔更胜仁宗！

第三章

开封知府

　　一般而言，历史小说在叙事中往往会表达一些反映社会主流文化的价值观或道德观。《三侠五义》在历代记载中有关包拯的史料基础上，融合民间包公故事和戏说，将包拯积极认同儒家文化的这一形象特征进一步放大。无论是传统戏曲《铡美案》，还是《狸猫换太子》，包拯都是以"开封府尹"的身份审理案件，使真相大白于天下。然而根据《宋史·职官制》与《宋会要》，开封府尹通常由皇族亲王担任，负责开封的行政、民生、司法等要务。开封府尹虽非常置官职，但也是北宋时期中枢重要官员之一。包拯并非亲王，不可能担任开封府尹，他实际担任的官职是"权知开封府"，简称"知府"，主要负责开封府的行政事务。而这些戏曲与公案小说将包拯的身份塑造成"开封府尹"，主要目的就在于肯定与弘扬包拯任开封知府时的刚肃严明。

一、东京风云

开封，古称汴州、汴梁、汴京等。据《旧五代史》记载，后梁开平元年（907），梁太祖朱温建国，升汴州为开封府，并建名为东京。后唐同光元年（923），又降开封府为汴州。后晋天福年间，升汴州为开封府，再次建名为东京。北宋陈桥兵变后，以开封为国都，是为东京。关于建名的由来，大概是与十三朝古都洛阳相比，开封更加靠近东方，故名"东京"。北宋著名画家张择端绘制的《清明上河图》，生动形象地描绘了东京开封城的繁华景象。历史上，一批又一批名臣在这里留下了光辉的足迹，初入仕途就以清正廉明著称的包拯，在东京更是掀起了一场著名的风云事迹。历史上真实的包拯虽没有戏曲和影视剧中那样出神入化，但作为开封府的实际长官，包拯主政开封府时的政绩，是毋庸置疑的。早有学者评价道："在开封知府任上比较有政绩的，包拯是很突出的一个。"

宋仁宗嘉祐元年（1056）十二月五日，在从中央到东南江宁府（今江苏南京）的官道上，一行人鲜衣怒马，明眼人一下子就能辨认出这是朝廷的传诏人员。这行人及其携带的任命状经历了半月的波折，终于见到了它的主人——时任刑部郎中、知江宁府的包拯。此时，无论是京城中的宋仁宗，还是当时的宰执团队，以及传令官和包拯本人，都没有意识到他们共同开启了一段什么样的岁月，更不可能知道这会给后世带来怎样的曲折波澜。

开封府是北宋东京的首府衙门，初建于五代后梁。北宋时期的开封府，建筑规模宏大，地位非常显赫，被誉为"天下首府"，为闻名四海的古代官衙，而这正是包拯新的任职地。作为北宋都城，开封府有"天府""府中之冠"以及"天下第一府"的美誉，因坐落于皇城和宫城之南，又被称为"南衙"，因此也有"南衙开封府"或"东京开封府"的别称。此地作为全国的首都，有着全国楷模的地位和作用，当时人称"京府大都，万方轨则"，朝廷中也有"首善自京师始"的指导思想，因此开封府又有全国试点的性质。但开封府的政务素来繁巨，其官自然也就素来难当。一是此处是北宋皇帝的常驻之地，他们可以直接干预开封府的政务；二是此城之中存在众多的权势贵族，他们依仗自身的权势，不法之事常有发生；三是京城素来繁华，是当时的政治、经济和文化中心，每年都会涌入众多的豪商巨贾，他们财能通天，善结交朝中、京城中的贪官污吏，以此来达到他们不可告人的目的。再者，从当时的人口看，开封府所辖区域有一百五十万人之多，自然也会引发众多冲突。另外，此官又经常被卷入朝堂的纷争之中，牵涉甚广。

相比于其他州府，开封府的特点之一就是兼具中央和地方双重属性，这就使得开封府的司法活动更易受到皇帝及皇权的影响。不过，也由于开封府的双重属性，它可以审理皇帝钦定的案件——诏狱。如果诏狱案件涉及国家安全，但情势尚非特别重大者，便令开封府审讯。

在北宋初期，除诏狱之外，开封府对其他普通案件的审判权限小于普通州府。北宋规定，县一级有审理笞、杖两级罪名的权限，但州、府一级则有权审理笞、杖、徒、流、死五种刑罚的罪名，只是私罪在审判处决完毕后，需要上报中央进行覆劾，并根据覆劾结果考课当时官吏。但宋真宗在景德三年（1006），对开封府的司法权限做出了特殊规定："下达到开封府后的皇帝内降，以及中书门下和枢密院下达的公事，罪名达到徒刑以上的，都需要上奏给皇帝，由皇帝裁断。"因此，相比于地方普通州府可以审判五刑之内的罪名，开封府的审理范围有所限制，而司法终审权只能是笞刑和杖刑两级，徒刑以上案件则要上报给纠察在京刑狱司审核。这种局面终真宗一朝都未改变，直到真宗驾崩、仁宗登基之后才有所改善，开封府的司法权限逐步与其他地方州府相当。

北宋之初，开封府的司法权限被限制，或是因为京府形势复杂，所涉较广，为了慎重起见，中央才会决定将其司法权限限制在一定范围内。但也有人提出是出于北宋"事为之防，曲为之制"的祖宗家法。开封是北宋首都，而开封府的长官便是北宋皇都的"大管家"。此地位于天子脚下，其长官则是全天下地位最高的州府长官，因此赵宋的"家法"才更需要缩小这一关键职位的权力。另外也是为了方便，开封是北宋皇室所在之地，其司法权限相对较小，相对应的是中央朝廷及皇帝本人的权力相对较大。如此，方能给皇帝及其宗戚以回寰和操作的余地，以保证他们的一些利益。

因此，开封府的长官虽然在北宋之时地位高于其他地方官吏，俸禄也相对优厚，却也同样具备"灯下黑"的特点。因为无论是居住于城中的天潢贵胄，还是涌入京城的豪右蛮横，他们通过在当地的经营，得以与朝中君臣盘根错节、藕断丝连，这种情况下，父母官稍不留神就会被卷入旋涡，受到牵连。当时东京城内的政务尤其烦琐，并且事关重大，以至于当时的诗人张舜民在其作品《画墁录》中说道："唐朝的印文纤细如人的丝发，今天的印文粗厚犹如人的筋脉，其中开封府和三司的印文犹粗，并且每年都要更换印文，由此可见开封府政事的繁剧。"太宗朝的宋白因为"倦于听断"而只在其位半年光阴，而真宗朝的温仲舒请求从"权知开封府"上离职就是因为"繁剧"。

另外，从开封府长官的官称也可看出这一官职本身的错综复杂，所涉及方面的众多。包拯任职期间的官称不是"开封府尹"，也不是如地方一样的"知某某军州"，而是"权知开封府"。这一官职的出现，本身就说明了这一职位的复杂。北宋前期制度草创之时，一些普通官僚担任开封府的长官，有"判"之名，如太祖朝的昝居润和吴廷祚，太宗朝的沈伦和未继位的赵元侃（宋真宗），但终归只有四人，其中一人还是未来皇储，因此未能形成制度。宋徽宗之时虽有一般臣僚"尹开封"，如王革、燕瑛等，也有未继位的宋钦宗担任"开封牧"一职，但毕竟已经是王朝末年。宋仁宗之时，制度有所变革，朝臣一般不用"判"字，能用"判"字的多是宰执团队中的成员外出担任地方州府的长官，如王曾就曾以使相的身份"判许州"，并且当时的诏旨就已经说明了用"判"字是因为王曾曾经的宰相身份，所以才用此字来表示担任此职的王曾的尊贵，以和一般州府长官有所区别。

开封府不同于其他地方州府，此地作为全国的首都，长官及其属官的安排也不同于其他地方州府。其长官"开封府尹"，在朝班中的顺序仅在宰执和三司使之后。宋代地方州府一般设有通判，平时作为长官的副职，战时负责钱粮之任。但开封府在北宋一代，仅有一位通判，即宋太宗朝的宋琪。如上所述，可见开封府长官地位之高。伴随着宋太宗从开封府尹的职位上"跃龙门"，成为赵宋王朝的第二位皇帝，这一职位遂成了北宋准皇储的代名词，一般皇储在正式册立之前都会担任此职。宋太宗先开其端，其后宗室之中太宗之弟廷美以及太宗之子元僖、元侃均曾任"开封府尹"一职，而宋钦宗在继位以前也曾担任当时的开封府长官"开封牧"一职。宋钦宗担任开封府长官的时间，虽然已到王朝末日，但这一制度的并行不悖，却更是说明了"开封府尹"一职实为北宋皇储制度的重要组成部分。在以上赵宋宗室中，廷美和元僖虽未能成功继位，但宋太宗继位之初，廷美确有准皇储的意味，而元僖去世之后，则被其父太宗追赠为皇太子。南渡之后，虽然首都远在他人控制之下，赵宋皇室暂避于行在所临安，但也有皇储担任行在所长官的事例存在，如宋光宗，他在被册封为太子时，命"判临安府"，不久他又真正领临安府事。

因此，出于对皇权的敬畏，非嫡亲宗室成员担任该职，只能是"权知开封府"，并且如果担任之人官阶过低，则其不仅不能有"权知"之名，所能用的官称只能是"权发遣开封府事"。但该职大多时候又是正式官职，而非临时差遣，宋人也习惯称之为"知府""府尹"或者"京尹"，这既是一种尊称，也是对当时现实状况的认可。担任这一职位的官员的去向也并不明朗，时人发论"担任此官职的人不是会升迁，就是会失败，而失败的人又占了其中的一半"。因此担任这一官职实为当时荣宠，但也可谓当时的高危岗位。

从长时段来看，这一职位虽然危险，但在"庆历新政"之后，无论是当时的朝局，还是开封府衙，总会有一些和风细雨的时光。回顾此时的朝局，已经不是"庆历新政"时的你死我活，此时的北宋王朝，对外伴随着"庆历和议"的达成，边疆迎来了十年宝贵的和平。对内，少部分地方的民乱也已经平定；新政之时的主干力量逐步重返朝堂，即便激进如撰写《朋党论》的欧阳修等人，也纷纷与当年势同水火的对手握手言和。因此，此时的朝廷内外以及寰宇之内，相比于当时的燃眉危机，反而多了柳暗花明的转机。

放眼观看当时君臣中的变与不变，"庆历新政"虽然如同昙花一现，没有达成预期目标，但这并不意味着此时的北宋朝堂已然成为一潭死水，丝毫不敢谈变革之事。若从当时王朝的最高统治者来看，此时的宋仁宗虽然经历了庆历年间的动荡，现在的他趋向于想改和小改。相对于大改，小改涉及的利益面小，且见效快。再从当时的臣僚来看，此时虽然仍有关于是否变和如何变的争论，却只是政治见解的争执，而未上升到人身攻击，更没有出现"朋党"乱政的现象。庆历之时的"遗产"也留存到了当时，欧阳修在文学上，富弼、韩琦和曾公亮等在政治制度上，蔡襄等在社会救助上，均开始了不同程度的改革。另外，王安石也是在这段时间先后上"万言书"，呼吁改革。君臣之间的这种思想倾向和实际行动，也成了"庆历新政"之后仁宗时代的显著特点。因此，此时的空气中似乎也多了一分祥和。

时光总会改变一些东西，景祐二年（1035），范仲淹被调离开封府，出任地方，距离包拯的任命已经过去了二十余年，此时的开封府衙也走出了范仲淹主政的那段时光，经历了形形色色的开封府长官。"庆历新政"后担任此职人员的相关信息，通过留存在今天开封博物馆的"开封府题名记"和"开封府尹题名记"两块石碑，我们可有所了解。新政结束那年，开封府长官没有更换，仍然是杨日严，他在这个位子上待了一年之久。新政结束之后，即自庆历六年（1046）始，开封府衙迎来了共计二十三任十八位开封府长官。在这十八人中，无进士身份者只有三人，仅为六分之一。虽然在北宋所有开封府长官之中，进士占名额的百分之七十三左右，但其中还包括了先世荫补出职者。这八年之中，开封府长官的出身状况要高于整个北宋之时。在这二十三任任期中，任期最长的是王素，他任职达十八个月。最短者是王珪，仅有一个月。除王珪外，钱明逸主政两个月，主政时间在嘉祐元年（1056）十二月五日之后，嘉祐二年（1057）三月包拯正式到任之前。因此，二人当是暂时代为处理开封府事宜。

这十八人良莠不齐，虽然有张尧佐（其非法作为见下节）这样的权贵豪势，但大部分还是廉干之人。相对廉洁且为干才之人如张方平，虽说开封府事务众多，且前任知府多是记载在案牍之中，但张方平却能够记之于心中，没有丝毫差错和遗忘；杨察则是处理政事无所避忌；王素没有对诏旨唯命是从，敢于为百姓着想，面对蔡河决堤，宋仁宗下令堵塞朱雀门，但他鉴于宋仁宗圣体违和，房屋毁坏众多，便违抗诏令不征发徭役；刘沆能发掘很多隐藏的事情；魏瓘敢于抵制宋仁宗的"内降"；李绚"治有能名"；蔡襄精于吏事，谈笑间就能理清政务，如若发现奸伪，胥吏也难以欺瞒；当再次拘禁到偷盗刘太后神御服器的嫌疑犯时，何中立仅仅是"孰视之"，就能判定这是真凶，因此何中立善于识人。

从这一岗位的迁出情况来看，在全部可考的一百九十七任开封府长官中，共有一百一十三例可明确其卸职之后的去向，其中罢免、丁忧和去世三种类型，总共有十一例，占全体的百分之八左右。而任职于其他地方或中央官署的案例，则占到百分之九十二左右。其中到中央任职的案例，就占据了全部名额的百分之五十五左右。范围再缩小到"庆历新政"结束后的仁宗时代，这十八位开封府长官的去向同样也能反映这批官员的廉干程度，进而表明此时朝廷选官的精确度和朝政的清明。这十八人中，有七名成为宰执成员，其中参知政事两员、枢密使一员、宰相三员。三名宰相中，有两名官居首相，即曾公亮和王珪。

曾公亮，今福建泉州人。其曾祖、祖父均曾在闽越地区任职，相较于包拯的曾祖和祖父都是平民出身，到了父亲才出仕为七品的虞部员外郎而言，曾公亮的出身和家境均要优越于包拯。相比于自幼丧父，随母改嫁的范仲淹而言，曾公亮的家境和出身更不待言。他在天圣二年（1024）进士及第而出仕，开始了数十年的仕途生涯。他调离开封府后先后担任参知政事、枢密使等职，并在嘉祐六年（1061）以吏部侍郎的身份任同中书门下平章事、拜集贤殿大学士，正式担任宰相，后在宋英宗和宋神宗继位之时发挥了重要作用。宋神宗继位后，曾公亮又加昭文馆大学士、监修国史，成为当时的首相，爵封鲁国公，是名副其实的"一人之下、万人之上"，达到他生前仕宦的顶峰。元丰七年（1084），曾公亮逝世，享年八十岁。曾公亮逝世后，极尽殊荣，下葬时的礼遇如同韩琦一般，宋神宗亲自题写碑首"两朝顾命定策亚勋"，认为他的功勋仅次于"元勋"韩琦，并且他还享受到了人臣所能享受到的最高待遇——配享宋英宗庙庭。宋理宗时，又名列昭勋阁二十四功臣。王珪也是在宋神宗变法时期位极人臣，他是王安石和宋神宗的左膀右臂，其人虽然存在争议，但他的仕宦地位不容置疑。他的祖籍在今四川成都，后随祖父迁居到今天的安徽省潜山市。他于庆历二年（1042）进士及第，并且高中榜眼。熙宁三年（1070）拜参知政事，熙宁九年（1076）拜同中书门下平章事、集贤殿大学士，成为当时的宰相。元丰五年（1082），宋神宗拜他为尚书左仆射兼门下侍郎，他成为当时的首相。

在这座府衙前任主人的去向中虽也有被贬谪的情况，但都事出有因，这也是当时朝政转变的具体证明。如杨日严在庆历五年（1045）担任"权知开封府"时，府中属吏看管犯人不谨慎，导致犯人自杀。杨日严作为开封府衙的长官，有着不可推卸的责任，因此被贬官出京。值得注意的是，杨日严也是在新政之时陷害欧阳修的得力干将，因此此人的上位或许是新政之时党争的产物，而其被贬则是其道德败坏的必然结果。魏瓘虽有爱民之心，但他因为破坏法制，被谏官吴奎弹劾，所以出知越州。魏瓘的继任者李绚，在任期间夜间醉酒，第二天上殿奏事之时还未能清醒，对此宋仁宗说："开封府事务繁杂且重大，怎么能够沉湎于酒宴之中？"正因为如此，李绚才被改官为提举在京诸司库务。张尧佐虽然"持甚谨慎，通晓吏治，明晓法律"，但依然凭借张贵妃的余荫，在惠民河旁从事非法营建。

再看距离包拯最近的两位前任，主要是钱明逸，他第一次主政开封府时，虽然"恪守法律，为政简静，有条理，不肯徇私"，但在皇祐二年（1050）被降职，确实是因为其在"假皇子"案件时，对真相探查不清，乃至给假皇子行礼，最后判决较轻，只是判处了编管的处罚。在府衙之中，当时的开封府推官韩绛也被认为处罚过轻，容易导致混淆视听，所以才会受到降职的处分。另外，钱明逸主政开封府之时没有威望，导致监狱的吏卒私自施加刑罚于鄯姓妇人，而这名妇人也因此死亡。作为开封府长官，钱明逸的贴职被降到天章阁待制，并且被贬出京，知蔡州。因此，钱明逸的降职处分合情合理，不是因为受到别人的攻击陷害，这也说明了当时朝政的相对清明，而处理此案的主要官员之一，便是当时官居天章阁待制、知谏院的包拯。

史书中没有记载包拯的前三任——曾公亮、王珪和钱明逸在开封府上的显著政绩，也在一定程度上说明在从嘉祐元年（1056）后半年到次年三月包拯上任的这段时光中，东京城内相对风平浪静，无论是庙堂之上还是南衙之中，均没有大的涟漪产生。尤其是曾公亮，从开封府衙迁出后，直接升任参知政事，纵观北宋非宗室的普通官僚担任开封府长官者，有此待遇之人更是只此一例。从曾公亮的去向来看，此举更是出于对其政绩的肯定而给予的正常的调任和奖擢，而非当时朝局的非正常动荡。从三人的任期看，钱明逸和王珪的任期虽然分别只是两个月和一个月，但正如前文所说，他俩是处在曾公亮和包拯之间的过渡人物，属于特殊情况，自不待言。曾公亮的任期是五个月左右，而这又和开封府长官六个月左右的平均任期相吻合，因此综上所述，包拯就任"权知开封府"前后的朝局、政局和南衙本身的情况都相对稳定。而且在包拯的任命状中，他的本官也由刑部郎中升迁到了右司郎中。

包拯这次从地方调任中央，和庆历诸臣存在一定关系。回顾"庆历新政"时期的包拯，仇视范仲淹等人的权御史中丞王拱辰推荐他担任监察御史里行，后又担任监察御史，包拯以台官的身份任职于中央。再回首包拯与"庆历新政"及诸臣的关系，我们会发现，包拯虽然不是范仲淹团队中的核心人物，但也没有紧紧跟随吕夷简等人的步伐。同时，相对于吕夷简等旧党领袖们的反对新政，庆历四年（1044）之时，包拯秉持着热忱和客观求实的态度，对于具体措施就事论事、是非分明地表达自己的观点。他既在《论取士》中表达了对部分新政的支持，又没有盲目追从新政这些人的全部举措，更没有因为自己是由王拱辰举荐担任台谏官而对新政全部抹黑，以如下两项措施为例进行说明。

"庆历新政"之时，针对当时的取士制度，范仲淹提出废除糊名和誊抄制度。其中糊名又叫弥封，指科举时把考卷上考生的姓名和乡贯等信息用纸片糊住，以防止考官徇私。誊抄是在糊名基础上的完善，因为在糊名之后，一些官员会通过考生字迹来徇私，因此当时会组织一批人统一誊抄试卷，以防止通过笔迹徇私。针对当时的取士制度，范仲淹认为地方发解士人，本是采用乡举里选的方法，如今却不考量其乡贯、品德，唯以墨义、策论取士，并施行糊名之制，实际上不符合乡举里选的本意。但包拯认为如果废除糊名制，参选人员众多，考官将很难认真选择贤才，且考官们囿于金钱、个人感情、势要等因素，便会做出迫不得已的选择，这样的情况又怎能考察士子的才艺和品行呢？如此选拔出来的官吏参与公共事务，只能是导致"是非纷作"，天下的诉讼由此也会多如牛毛，因此这一设想并不适合赵宋天下。鉴于糊名和誊抄制度的科学性，包拯请求依旧实行这两项制度，并明确提出这两项措施可以促进公平，保证在位官员的清廉。但不可否认的是，包拯也肯定了新政中选才措施的部分内容，如肯定限制官员子弟的恩荫入仕，他认为这样会激励官户子弟真正地潜心于学识，这于国于家都是好事。因此，包拯建议有所改变地继续实行这一改革。

对于范仲淹计划的巡察地方官吏的措施，包拯曾提出过不同意见。包拯认为这一举措太过严苛且过于烦琐，以至于当时的按察使有不辨虚实就上奏的情况存在，甚至当时的提刑之官对大错闭口不言，对小错却死揪不放。包拯上疏对此事发表了看法，其所上之疏名为《请不用苛虐之人充监司》，我们便知他反对的不是这项制度，而是提醒当局在遴选这类臣僚时要慎重，不要选取那些苛责暴虐之人，因为他们会使官员人人自危，对百姓施加重赋而激起民变，而运用苛虐者担任监司的举措也与设立按察、提刑的初衷背道而驰。因此，对一些所犯过错并非十分重大的官员，包拯主张给他们一个改过自新的机会。为了保证巡察官吏所上奏状的真实性，也对监司形成一定的监督，包拯提出监司官员所上考核功状应有审官院署名。

虽然针对包拯的进言，欧阳修随后进行了反驳，但最后的结果是新政措施后来的改进，确实是从包拯所关注的按察使进行的。科举制也延续了包拯等人所主张的糊名誊抄之制，以确保科举取士的相对公平。因此，包拯并不是真正地一味反对新政，他也是渴望有所改变的人。对新政成员，包拯很少涉及个人恩怨。而且对新政期间"朋党"成为党争的工具，包拯本就深恶痛绝，乃至虽然刘向有投靠王莽的劣迹，但包拯对刘向"贤人在朝，便会引起同类共同在朝；贤人在野，也会思考与他的同类共同上进"的言论表示赞同,他认为这番高论虽然是千年前所发,但人们谈论时总会不吝赞叹,并表示要向刘向的这一品质学习。他认为朋党现象会影响吏治系统的正常运转,更会阻碍正常的治国理政,应该只在汉唐末代才会有。因此,在新政失败后,包拯没有对新政成员落井下石,而是对受朋党之诬的他们予以正面肯定,认为正是因为他们的敢为,才会被污蔑为朋党。正是包拯的这些可贵之处,使得这批当年的"弄潮儿"也欢迎他返京。

张贵妃去世之后,中央的官僚队伍迎来了大换血,当时的宰相是陈执中和梁适等人,当年领导新政的富弼和文彦博、权御史中丞张昇等相继回归。正是因为张昇的举荐,当初弹劾梁适的殿中侍御史里行吴中复才得以官复原职,吴中复在嘉祐元年(1056)回京后,就向宋仁宗建议召回被贬在外的包拯和唐介。就是在这样的环境和朝局下,欧阳修不计较当年的党派之争,向朝廷举荐人才,除了积极推荐当时旧党领袖吕夷简之子吕公著,还有包拯、王安石和张环三人。欧阳修认为四人都可以被委以重任。在以上四人之中,欧阳修对包拯赞不绝口,认为他"高尚的节行,在他清贫之时就已经名声在外;他的忠言正论,也已经闻名于当朝",并认为包拯外任地方官,其实只是出于一个很小的过错，让他到那么远的地方为官，当时的人都大为可惜。欧阳修希望朝廷把他们赶快召集回京，委任以近职，一定会对朝政有所裨益。正是鉴于当时的朝局和包拯等人的素有才干，欧阳修才会表现得有容乃大，无论是吕公著这种与旧党有深切关联之人，还是包拯这种仅是对新政的部分措施提出了改进措施的臣僚，都是无差别引进。无疑，这也体现了当年庆历诸臣的成长，以及此时朝局的相对平稳。

宋仁宗本就很赞赏包拯的忠直气节，此次又经过朝中名臣的举荐，于是包拯便由知池州调为知江宁府。这表明了当朝开始考虑重用包拯，因为在当时，府的地位高于普通的军州。后来，身处江宁的包拯接下了"权知开封府"的任命（同时代的王安石却多次拒绝朝廷的任命），准备到京畿任官。关于包拯接受"权知开封府"的任命，其原因大致有二：一是包拯经过数十年的打磨，为政举措的能力得到提高。虽然有些许曲折，但他仍然怀着为国尽忠的赤子之心。二是包拯也意识到这时的政治相对清明，朝廷中呈现了一股新气象。因此，虽然此时的包拯已经五十八岁高龄（宋朝众多名臣均是五十余岁去世，如范仲淹），但他仍然志在千里，希望继续为国驱驰。

就这样，包拯以右司郎中的官职（司马光的《涑水记闻》记载，此时的包拯还是枢密直学士）担任了开封府衙的实际长官。

二、肃正风纪

嘉祐二年（1057）三月，东南风如约到达了东京城，随之而来的还有东京府衙的又一任主人——包拯。从此刻开始，直到一年零三个月后离职，无论是包拯本人，还是东京城和"权知开封府"这一官职，都深深地印在了国人心中。

鉴于开封府的实际状况，作为东京城的实际当家人，整顿当时的风纪成了这位开封府实际长官的重要职责之一。但"打铁还需自身硬"，要求别人的前提是要以身作则。毫无疑问，本书的主人公便是这样一个伟岸光正的人物。包拯谥号"孝肃"，"孝"自不待言，《宋会要辑稿》对谥号"肃"有"执心决断""刚德克就""威德克就""布德轨仪"等解释。由此我们可知，"肃"作为谥号使用，既要求逝者自身品质过硬，还需其生前传播这种品质。因此，作为北宋都城开封实际最高长官的包拯，生前必然是"肃"这个字眼的践行者和推行者。

包拯的谥号中的"肃"字，代表着他为人"峭直"、严峻刚正、铁面无私，但合肥包公祠中的包拯画像却是"和蔼溢于眉睫"，以至于清人看后没有心生恐惧，反而有一种亲切之感。包拯在用人上不刚愎自用，平时待人也常常推以忠恕之道，因此百姓爱戴他，长官（刘筠）器重他，乃至南渡之后的宰相周必大也认为包拯"绝不是绝物离任之人"。因此包拯绝不是一个不近人情的酷吏，他也有自己的社交网，他和自己的同年进士大多保持着友好的关系，譬如文彦博、韩琦和吴奎。包拯与他们通过姻亲、交游等方式一直保持着良好的社交关系。另外，若将包拯的弹劾奏章和《宋登科记考》中的同年登科进士比照，我们会发现包拯所弹劾过的同年，也只是时待举和令狐挺两人而已。而这种友善的同年关系，又与包拯公直但不至察有关。

包拯是一个儒家思想的积极践行者，一生以"义"和"正"作为自己为官、从政的准绳。在与人交往方面，他自小就喜爱读书，很少与人嬉戏打闹。长大成人后更加注重磨砺品格，从不随便附和别人，更不会为了取悦他人而改变自己的处事原则。即使关系再好，他也从不参与对方任何涉及权欲的私事，因此很多人都忌惮他的庄重和严肃。这样的包拯，看起来似乎有些不易相处，但如若包拯是一个放荡不羁之人，别人怎会对他心生敬畏呢？那些贵戚官宦又怎能因他而敛手呢？不法之徒听闻其名又怎会有所忌惮呢？由此可知，包拯早年所作咏志诗中的"清心为治本，直道为身谋"正是其自身性格的真实写照。

从中国传统社会理念讲，古人信奉"学得文武艺，市于帝王家"，北宋之时推崇士大夫政治并有"与士大夫共治天下"的说法。从包拯本人看，他认为为官应当"挺身而出，敢于担当天下之责"，在处理政务时"不能没有任何表示，而仅是关心一己私利"。平时的包拯严于律己、恪守法律，入仕前就厌弃当时的请托之风。相传吕夷简与包拯是同乡，吕也非常器重这位同里后学，于是欲收包拯于门下，为自己效力。但在京的包拯并没有去拜谒吕夷简，而是挑选了一个县官便去任职。以上事例反映了包拯洁身自好的优秀品质，不随便动用同乡之谊，以免落得个"走后门"的名声。包拯入朝为官，有孔子所谓的大臣之风。对请托办事之人，无论故友亲旧，他都一律严词拒绝。身处朝堂之上，包拯则勇于承担政事，表现出一种常人难以夺去的气节。作为国家大臣，包拯为了国家政事，更是义无反顾地挺身而出，并且声、色、辞三者俱厉，所陈条款清晰简明，因此人人为之拜服。退处官衙之中，他厌恶胥吏们的吹毛求疵和待人苛刻，规劝他们要学会敦厚待人。为官京府的包拯更是一个不苟言笑、严肃认真之人，所以开封府的百姓说："包希仁笑比黄河清。"

此时的包拯，无论是仕途还是人生之旅，都开启了新阶段。

开封相比于之前的池州和江宁，都是一个更大的舞台，是他践行自身治国理念之地。然而，虽说汴京是北宋皇帝的常驻之地，当地官民皆在天子脚下，但还是不能避免歪风邪气和不法之事的层出不穷。开封府长官为官一任，代天巡牧，其职责众多，而其中的重点就是执行法律，维护社会秩序，治理刑狱，防控盗贼和乱民生事，以使京城之内安定清平。因此，身为开封府百姓的父母官，为民申冤、教化百姓自然就成了包拯的分内之事。

包拯执掌开封府期间，政务的解决对当时民风的改善助益良多，如当时无赖之辈的轻浮之风。俗话说"救人如救火"，把人之性命与火灾相提并论，可见火灾对人类生命财产的危害之大。相传，有一日开封城内闾巷之中燃起了熊熊大火，对于当时的开封府官吏而言，"燃眉之势"毫不夸张，但仍然有无赖流氓拿包拯开玩笑，问他"是从甜水巷还是苦水巷取水"，他们轮番纠缠，以戏弄包拯。面对如此捉弄，包拯马上令人将其斩杀，由是人人畏服。此举对当时城中的轻浮无赖风气有所纠正，也间接提高了开封府的治安水平。即便有人主动投案自首，包拯也不偏听偏信。曾有人拿着土地凭证到官府中承认自己私自增加了土地份额，包拯当时没有立即对土地进行处理，而是进行了仔细的审核和验收，并奏报给中央相关部门，方才将此事了结。由此可见，包拯为政坚持一丝不苟，坚持维护百姓的合法利益。

包拯明察秋毫，巧辨真伪，同时期的司马光曾给予包拯"最名公直"和"清严"的评价。他主政开封期间，发生了一起黄金失窃事件。当时有两人饮酒，二人酒量差距较大，一人善饮，一人却不擅长此道。且二人关系很是密切，酒量较好者有黄金数两，担心自己喝醉后遗失了黄金，于是便让对方代为保管。但事实证明，酒量好者交友不慎，酒量差者辜负了好友的信任。一番畅饮之后，酒量好者也无奈酒醉，而不善饮酒之人因为朋友的照顾，没有醉。酒醒之后，当酒醉者向对方索取代为保管的黄金之时，不善饮酒者却推说没有。因此，金主将此事诉诸公堂。面对官府的审问，藏匿黄金者果然无意承认自己的罪行。包拯便派遣衙吏持公文到其家中取回黄金，而不告知藏匿黄金之人。藏匿黄金者的家属觉察到此事真相一定已经为官府知晓，便将黄金交给了衙吏。不久，衙吏持黄金返回公堂，藏匿黄金者大惊失色，便承认了自己的罪行。包拯不慕钱财，秉公执法，令京城百姓深受感动，他甚至一度成为百姓心中的榜样。包拯的榜样作风，促进了东京城内民风的善化。

关于同性质的案例，《宋稗类钞》记载了一件民事委托案。包拯主政开封府时，京城中有人将金银装饰的两个漂亮的箱子委托给一个彼此了解的人，数年之后，托付之人去世，保管者远行归来拜见原主之子。原主之子说："我父亲生前未曾提及此事，且没有相关契券为证。恐怕是您记错了吧？"那人说道："我受你父亲的委托，何须契券为证？你一定知道此事。"两个人相互推脱都没有让步，保管者遂上诉到了官府。包拯查实了其中的曲折，便将这两个物品判给了原主之子。以上两则故事可见包拯治下的开封府民风淳朴。一方面，此地的百姓坚持还钱，即便托付之人去世，也要把钱还给其后人；另一方面，也说明这里的百姓不贪图钱财，虽然保管者予以归还，但托付之人的后人在不明真相的情况下，拒绝接受这笔来路不明的钱财。

吴奎在为包拯所作的墓志铭中，开头就有"劲直之臣"四字，恰如其分地指出了包拯为官的特点。作为开封府实际的最高长官（当时仁宗无子，故无开封府尹一职，包拯就是开封地区的最高官员），包拯对官场之风自不会有所含糊，整顿胥吏也是包拯主政京尹时的重要作为。胥吏产生于先秦时期，在唐宋两朝更加膨胀，因此也滋生了众多问题，即便是北宋的首都开封府也没能幸免。但正如一句古谚语所说，"官清似水，怎奈吏滑如油"，这些属官胥吏中有相当一部分是朝中势要的亲信，或者贵族的子弟，熟悉官场的作为，真的是"吏滑如油"。他们占据此位，不是真的想在这一职位上有所作为，更多的则是慵懒不堪，疏于职守。当时按照制度，百姓到开封府发起诉讼，必须将状纸交给当时的牌司（宋代衙门中专司上传诉讼者讼牒的官吏），不能到官府正堂径直诉讼，于是这一制度成了一些不法胥吏牟利逞凶的手段。

　　正所谓"不得行法之人，法不可行也"，但若"吏不良，则有法而莫守"。因此不良胥吏的存在，对于想有所作为或为民做主的官府主官而言，无疑是一种潜在的阻碍。其中一个表现就是在上述过程中，牌司中难免会有一些不法之徒因财权而异，阻断平民百姓案情的上传。在这之后，是否审理，何时审理，则由府吏通知。京城之中因为这些不法胥吏的存在，大大增加了当时的诉讼成本，危及当时的司法公平。因此当时的开封城内流传着"衙门口朝南开，有理无钱莫进来"或"有理无权莫进来"的谚语。开封府素来难治，原因之一就是这些胥吏为非作歹，为了自身利益而知法犯法，导致开封府整体行政效率低下，引起当地百姓的怨愤。再者，当时的司法官吏办案时，有的官吏对于需要收押相关人员，应当追勘公事，以及应施杖刑而未行刑者，多为因情拖延。包拯认为这一恶习长时间以来已经成了很严重的弊端。

　　包拯还认为，冤案难以禁绝的原因之一就是郡县长吏不得其人，难辨真假。如果司法官吏能不"恃恩恣横，蠹政害物"，便可防歪风邪气于未然，便可免得使之遗患于无穷。包拯甫一到任，就开始整治这种不正之风，以期废除这一制度。首先，对于拖延的案件，包拯主张严加催促，让在职的官员亲自检查，以根绝这一弊端。随后，他又向胥吏们亮明自己的态度，给了这些衙吏一个下马威。

　　包拯刚到任，胥吏们就询问包拯先祖的名讳，包拯答道："我没有什么可忌讳的，我忌讳的只有官吏之中有贪污的现象。"胥吏们的反应只能是带着害怕的感觉退下。但这些胥吏并不甘心，还是决定反击。就在初次办公之时，包拯关闭了府衙大门，让这些胥吏抱着文书以待查看。包拯让他们在堂下等待，并发给他们号码牌，依次序将文书递进。果不其然，胥吏们还是存在小动作，他们将一些陈年老账掺杂在公文之中。在审核过程中，包拯严加盘问，对其中浑水摸鱼的贪官污吏严加惩治，绝不姑息。这些胥吏原本是想用这些陈年老账对包拯进行试探，妄图以此为难包拯。他们这样做，其原因就在于包拯素来有"严明"之声。事实证明，这些胥吏聪明反被聪明误，他们中有的人受到了刑罚，有的人则被罢免。包拯此举，有效地震慑了开封府的官吏群体，使得他们不敢胡作非为，同时也使得官方文书变得简洁明了。后人称赞包拯治理开封府的贤名，大概就是因为得到了省事的要诀。

包拯还对当时的诉讼制度进行了整改。自诉是引起审判最普遍的根据，也是宋代引起审判的最主要原因，但要遵循一定的司法程序。北宋时虽对自诉有程序规定，但存在一定的弊端，上述"牌司"的存在就是其中之一。包拯莅任后，便将府衙大门敞开，且府衙正门设有大鼓，但凡诉讼者击鼓，府衙正门便会敞开，百姓便可以直接到正堂发起诉讼，自陈冤屈，牌司也就无法在百姓的自诉案件中有所"作为"了。这一改革措施的推出，使得"阎王好见，小鬼难挡"的局面有所改观，无疑也使审案更加公平公正，会对上述的司法弊端有所改善，真可谓"启正门群奸丧胆，断关节万姓开颜"。

包拯的这一改革措施对当时的官风有所改进，拉近了开封府官民之间的距离，更提高了开封府官吏之间的廉洁程度。从诉讼本身来看，状告者可以直接到达厅堂，他们可以直接向主审官陈述，少了中间的转告者，更容易确保诉状的直接性和真实性，主审官也更能了解实情，促进案件迅速而公平地结案。从更深的层面讲，包拯此举对开封百姓的生活和首都地区的安定都有着积极作用，包拯的改革措施受到了京城百姓的交口称赞，因此当时的东京城内流传着"包公倒坐南衙"的佳话。此谚不是说包拯真的"倒坐"府衙而使得府衙大门朝北开，而是在赞颂包拯敢于和京城之中的黑恶势力斗争，敢于维护司法公平和普通大众的合法权益。此外，还有"关节不到，有阎罗包老"的谚语，以赞扬包拯主政下开封府的官风。关于这一谚语的产生，或许正因为包拯的肃正无私，所以后世之人才会将其塑造为地府的十殿阎罗之一。一般来说，这些口耳相传的谣谚相对于文字材料，更能生动地反映历史真相，更能反映民众的心声。因此，包拯对开封地区的官风，当是改善较多。

对一些机构的职能，包拯也曾上疏请求改革，如针对开封府治下左右军巡司录院的职能便是一例。左右军巡院始设于后梁，起初隶属于禁军，北宋建立后改为司法机构，隶属于开封府。其长官最初也是由军校担任，宋太祖开宝六年（973）开始任用士人。这一机构主要负责京城内的争斗及其引发的司法案件，有权缉捕、审讯并管理此类狱政。当时按照制度，并不是所有官员都有面圣资格，左右军巡司录院官也渐失这一眷宠。到了仁宗之时，有些制度执行力度较弱，导致这一机构的官员存在懒政行为。这一机构的刑狱在当时最为繁碎，但该院官常通过面圣把一些政务请求中央处理，因此这一机构对本司之事都心不在焉。针对这一状况，包拯提出除了推勘犯大辟罪名的案件，左右军巡司录院的官员不是公事不能够请求觐见，以达到照实审案、减少冤滥的目的。这一机构还存在追回赃物的账目不明，且审核不细的情况。对此，包拯提出该机构所收取的赃物应注明时间和具体数量，并且要和所属州县存档进行仔细验证。两相对照若无差错，方能存入档案，然后才能追取赃物，并且追回后也要在回状中注明相关信息。包拯的方案旨在避免收取赃物者因账目不明而勒索赃物，导致犯人需要额外赔偿，因此而蒙受不白之冤。

包拯为人光明磊落，司马光评价："僚佐如果有所关白，但所言之事不合情理，包拯就喜欢当面加以折辱，如果所言之事合乎事理，便会幡然醒悟加以听从。刚强而不自愎，这也是很难的。"因此，包拯算刚强，却绝不固执。如包拯很善于听取下属意见，善用良吏，且自身知错能改，这都成为包拯在主政开封府时取得佳绩的重要原因。他执掌开封府之时，有盗贼抢去了一个卖柴老翁的柴，还打伤了前来追逐的主人。包拯认为应该判处笞刑，但推官吕公孺引经据典，认为"先是偷盗，然后又打伤失主，不应该只处以笞刑"。史书中记载吕公孺坚持自己的看法，则说明二人当有过一番争论。关于此案史书中虽未记载结果，但包拯称赞吕公孺坚持原则，则最后当将此盗贼明正典刑。后来包拯担任三司使，吕公孺是三司的判官，公务都是在咨询了吕公孺的建议之后方做决定。

对属县的官吏，若其真正廉洁且有才能，包拯便对之完全信任，敢于放权。比如知县，包拯在其刚入朝时，就曾上《论县令轻授》疏，其中包拯提到县官最接近百姓，是真正的民之父母，所施行的道德教化尤其重要，但今天为人们所轻视，不能真正施行教化的正是县令。这一职位至关重要就在于能真正听到民之呼声，因此不可轻授。包拯主政开封府之时，王尚恭担任开封府属县阳武县知县。当时阳武县治下有百姓到开封府衙告状，但包拯了解到王尚恭已经对此案做出了判决。包拯出于对王尚恭的信任，对这位上诉者言道："既然已经经过了王知县的判决，为什么要再次上诉呢？"对有才能的下属，包拯也敢于大胆升迁。当时阳武县主簿侍其玮有才能，包拯器重他，便让他摄右军巡判官。侍其玮确也没有辜负包拯的信任，当时有亡命卒因为偷取钱财，被有司判决为"弃市"的死刑。当审理结束后，侍其玮再次审查卷宗，发现其中有需要申冤之处，立即向包拯禀报，并要求为之平反。最终，这名囚犯被免除了死刑。

包拯坚持秉公执法，铁面无私，即便是自己的门生犯法，也绝不徇私情。当时有一名樵夫叫邹敬，把自己的柴卖给了一个叫卢日干的书生，此人是包拯的学生。邹敬把柴火交给卢日干时，忘记取出其中的砍柴刀。邹敬前去索要，卢日干竟耍无赖拒绝归还，于是邹敬便把这件事告到了包拯堂前。由于卢日干的读书人身份，以及和包拯之间的师生情分，包拯便站在了卢日干一边，对邹敬施加了杖刑。了案后邹敬表示不服，于是提起上诉，这次包拯终于弄清楚了情况，知晓自己之前原来是错判，便严厉地惩治了卢日干。从这件事可以看出包拯的两面性。一方面，包拯也是一个普通的人，对于与自己关系较近的人，会放松警惕，容易轻信，因此他才会对原告邹敬施加杖刑。另一方面，在包拯的心中，"百姓利益无小事"，当邹敬涕泣上诉时，他马上对前面业已结案的案件进行重审，并最终使邹敬沉冤昭雪，严惩了元凶。因此，包拯无愧于"青天"之名。若要对包拯的无私无畏作一总评，不妨借用今合肥包公祠的楹联——"一水绕荒祠，此地真无关节到；停车肃遗像，几人得并姓名尊。"

"铁面无私，辇下豪门慑霜简；镜心普照，旧邑黎庶护甘棠。"正是因为包拯主政开封府之时令行禁止，获得了老百姓的赞叹，以至于"小夫贱隶，皆知姓名"。正是因为人民大众的敬仰，所以即便到南宋之时，当时的百姓也不会直呼其名，而是尊之以"包待制"或者"包家"的尊称，并将其与司马光并称。当开封的百姓遇到徇私枉法者时，就会对其说"你一个包家"；当遇到贪污者时，就会说"你一个司马家"。其中含义便是：徇私枉法者，一定会遭受到包拯的处置；而对贪污之人，司马光便会严加审判。

包拯在开封任职期间，关怀百姓，从不因为案件太小而拒绝受理，更不会因案件牵涉权贵而退不敢言。凡是百姓状告之事，无论案件大小、案情繁易，包拯均细心受理。在审案时，包拯坚持秉公执法，绝不收受一分一毫的贿赂，更不会使无权无财的受害百姓无故蒙冤。他以身作则，肃正风纪，赢得了开封百姓的敬仰与爱戴。

三、刑上大夫

《礼记·曲礼》曰："刑不上大夫，礼不下庶人。"本意是指，小民温饱尚未解决，怎能与之行推杯换盏之礼，这岂不是对他的家境造成雪上加霜？对于士大夫，俗语云"士可杀不可辱"，怎能对其施加有损于自尊的刑罚呢？但其深远含义则在于突出中国传统礼法秩序的"分"和"别"，体现了中国古代社会等级制度的森严及其所附带的特权，这似乎成了古代无数人的信条。但纵观被梁启超先生视为"二十四姓家谱"的正史，仍有一部分官僚敢于为民做主，不畏权贵，真正做到了"王子犯法，与庶民同罪"，包拯便是敢于"刑上大夫"而被后世人称道的典型代表。

有学者提出，包拯断案的特点有两个，一是主持公道，二是明辨是非。纵观包拯主政开封府的岁月，这位"青天"确实如此。当时的京城开封府之中多达官显贵、权幸宠臣以及皇亲国戚，他们之中官官相护而为非作歹之徒自不在少数。这种情况历来如此，如司马光曾说，"长安多是官宦子弟，他们多凭借父祖的权势而飞扬跋扈"。但飞扬跋扈者岂止这些子弟，这样的地方岂止汉唐故都长安。君主制是家长制的放大，首都是皇帝宗戚的聚居之地，这些宗戚又有众多的依附者。因此，北宋的都城开封，如同前朝首都，自会有众多纨绔子弟。包拯之所以能有"青天"之誉，就在于不畏权贵，即便他们犯法，包拯也能公平执法，维护普通群众的合法权益。

虽然包拯在《请不用苛虐之人充监司》中提出"太平盛世中的明君，注重的是施行教化，而很少用刑罚"，但对于那些贪官污吏，包拯则表现出一种深恶痛绝的态度。在他担任知县时，就明确表示"贪污之人是老百姓中的盗贼"。他也曾经表示：对他们，不能从轻治罪，希望依法处置，即便遇上国家大赦，也再不录用，若不将这批贪官污吏绳之以法，就不能以儆效尤，反而会导致更多的人走上违法和危害社会的道路。因此，对一般的贪官污吏，包拯主张应该将他们放逐，而不是继续让他们窃据在官位上为害一方，以此使那些潜在的贪赃枉法的官吏有所警觉。

依法治理官吏，是维护官场风气的最后一道手段，对那些巨贪和大患，尤其如此。因此包拯在给宋仁宗的上疏中会有《乞断韦贵》《请重断张可久》以及《请法外断魏兼》等奏疏。对张可久，包拯疾呼："如果张可久都可以被宽恕，那真的是无法忍让了！希望不要按照近来所下公文加以处置，而是在法律之外将张可久发配到远地编管。"包拯如此苛责的主张，也是为了劝诫将来之人。魏兼则是在担任工部郎中时贪污众多。对二人的刑罚，包拯都提出了法外重刑和以儆效尤的想法。在以上这些奏疏中，我们不难发现，对于那些地位特殊、执掌重要部门但又臭名昭著的官吏，包拯主张法外重刑。虽然包拯的主张已经是法外用刑，但这一主张针对的是当时享有"八议"特权而得以减免刑罚的贵族。另外，有学者指出，包拯所谓的"法外重断"，其实和今天司法实践中的"从重"相似，即根据罪犯的身份、悔过程度以及所犯案件的性质和危害程度，在法律允许的范围内，适当加重处罚。如对假皇子冷清，包拯就主张"不应该延引日常法律，迁延不断"，包拯如此主张的目的在于避免奸邪之辈再生事端，乃至成为国家大患。因此，包拯主张对这些权势之人"法外重刑"，从根本上还是保障了普通大众的利益，是爱民恤民思想在法制领域的另一种体现。

同时，包拯还上疏请求限制"大夫"数目的过快增长。在宋代，同许多王朝一样，存在恩荫之制，即品官达到一定品级，便可使子孙乃至侄婿平地而起，成为官员。但因为这些人并非科举登第，所以对圣贤书知之甚少，对于处理国家大事，相当一部分人也是一窍不通，且品行也相对较差。若让他们出仕为官，他们的不通政事会造成极大的危害。针对这一情况，包拯一方面提出废除官僚子弟免试授官的特权，另一方面又在《请选广南知州》疏中对这一情况进行了说明。此外，庆历五年（1045），包拯又上《请依旧考试奏荫子弟》，希望对恩荫入仕的人施行考试制度，只有合格者方能放进，进而授予官职各自差遣，以此手段对权势子弟的恩荫和提升加以限制，并切实落实七十岁致仕的制度。如果有年老、贪婪、残暴之人，不当居于此职者，应该即时加以清退。

对平民百姓，包拯则反对用重刑杀戮加以威慑，因为若是将百姓逼得太急，他们就会揭竿而起反对王朝的统治。因此，包拯主张应当对老百姓多用宽刑，以体现君主爱民的胸怀。包拯也明确表达过"若犯吾法，惟有剑耳"的主张。因此，包拯的上述主张均表达了其希望肃清这股恶势力的决心，也是"刑上大夫"在包拯理念中的具体体现。

包拯虽然主张对民众"宽刑"，但重法也是一定的。在处理假皇子案件时，包拯上疏提出，"怎能让这类人轻慢法律，惑乱大众？如果不尽快加以诛戮，并且公之于众，以告诫此后的不法之徒，就会开启奸邪之心，对国不利"。这样的思想主张根源于当时的吏治情况，包拯切身体会了当时吏治的腐败，当时"若是奸佞之人就会遮盖住善良和违背公理，感情用事则出卖忠直而嫁祸他人，以势力倾轧他人，实在是无耻"。这一局面产生的原因就在于"当时的政治过于宽简，弊端在于姑息违法之人"。当时的贪官"只知道搜刮和克扣百姓，既有收敛几十万用于日常用度，也有收敛数十万以赏劝下属"。这就导致民力枯竭，北宋王朝财政亏空，天下疲惫。为了拯救宋王朝和改善当时的民生，包拯才会有这一主张。因此，综上所述，包拯主张杀一儆百的方法，并不是全面否定当时的官僚群体。基于所犯法律轻重的不同，包拯也主张加以区别对待。如相对于罪大恶极的案犯，他认为那些并没有触及王朝统治的轻微罪犯，则可以许其改过自新。

宦官是这些势力的重要组成部分，这一群体虽然只是皇帝的家奴，宋朝皇帝也在尽力摒除"家人"及其奴仆对国家朝政的干扰，但北宋秉承唐末五代的余绪，当时的宦官仍然手握一部分权力，他们虽不至于像唐朝宦官那样危及国家安全，却也在一定程度上危及了国家民生。宋徽宗之时的童贯、杨戬等人自不待言，即便是被誉为"至治"的仁宗之世，也存在一些手持权柄的不法宦官。宋仁宗虽然被鼓吹缔造了"嘉祐之治"，"仁"这一谥号确也至高无上，但其实质上却是因性格比较懦弱而宽容待人，做事为人优柔寡断，拿不定主意。这一性格上的弱点，就表现为对宦官群体的纵容，以及对这些内臣的过度信赖，赏赐过多，造成了宦官权力在当时呈现增长态势。在这种情况下，宦官们便会凭借手中的权势作威作福，乃至敢于干预朝政。因此就有了任守忠、杨怀敏等权力较大的宦官。前者在英宗生父濮安懿王去世之时，公然敲诈英宗众兄弟；后者则是卷入了仁宗之时的侍卫作乱一事。此外，还有监守自盗的仁宗亲信太监阎士良。

对宦官的态度，包拯同当时众多士大夫是一样的，认为这是奸人窃取国柄，必将危及江山社稷。包拯在担任台谏官之时，就曾弹劾过当时的皇亲国戚和作威作福的宦官，如他曾上《论内臣事》疏，对当时的罪恶宦官大加挞伐。在《请罢巡驿内官》中，他请求宋仁宗罢黜形同虚设、有害无利的巡驿内官。针对当时内臣的俸禄和权任均较之前为优，包拯遂在《论内臣事》疏中，通过引用宋真宗与当时宰相王旦的对话，规劝宋仁宗对内臣的权俸加以裁抑。当时阎士良将要被越级擢升为崇仪使，由此便引来了包拯的弹劾。杨怀敏在边地兴修不已，已经形成民患，包拯同样上疏加以严厉斥责。他对这些权宦不曾畏惧，敢于发声，对那些普通的恶势力更是绝不姑息。不同于众多官僚，包拯对这些宦官虽然嫉恶如仇，但也有一些人道主义的关怀，认为在权势和财力上过于尊崇和富有，恐怕不是保全他们的好办法。

当时按照规定，皇帝可下令直接赦免一些人的罪行，但包拯担任台谏官时意识到，赦免的这些人中有很多是不法之徒，而他们可以得到恩赦的途径，便是通过内廷向皇帝求情。而其消息之所以能够达到内廷便是通过这些不法的宦官和皇亲国戚，他们往往为了自己的非正当利益插手国家政务。因此，身为当时台谏官的一分子，包拯上《请绝内降》的奏疏，要求宋仁宗杜绝这一现象，如果还有朝中内外之人相互勾结，冒陈功劳，以图荣华富贵，或者本是罪犯，希望通过此道以减免刑罚，甚至希冀于富贵，应当针对这一情况请特下指挥以禁绝之。包拯还从制度上提出解决方法，如果还有妄自陈请，则令中书门下、枢密院、三司和开封府等处秉公陈奏，不能够徇私，以免使圣明有亏。针对包拯所陈述的情况，宋仁宗明确表示要"言切禁止，示信天下"。

明人胡俨读到包拯此疏后，赞叹道："纠举之时不避让有权势之人，上书言事不怕触及皇帝的逆鳞。"

嘉祐年间，虽然政局有所缓和，但天灾不由人，在包拯主政开封府时，东京城内暴发了一场洪灾。当时的开封府内有一条惠民河，也叫蔡河，属于人工河，开挖于宋初。该河从开封新安的广利水门流入外城，到里城的西南角折而向东，再由朱雀门外龙津桥直到里城的东南角，由普济水门出外城，流向东南，经过陈州和颖州直到寿春，最后直达淮河。其水量和运输能力仅次于汴河，每年运粮达六十万石。当时为了水运便利，又将闵水自新郑引入，于是该河流量大增。

但该河时常泛滥。对此，包拯在庆历年间就上疏请求修蔡河的堤堰和斗门。包拯在这一奏疏中，诉说了蔡河的重要性，并直言近年的运粮只有十六万二千七百六十七石，远少于该河六十万石的定额。其原因不仅在于催纲使臣未能尽心尽职，还在于斗门损坏不修，官员们也不按时收放河水，导致河运通畅度较低。对于这一情况，包拯建议宋仁宗专门下"指挥"于三司，让其督促兴修斗门，仍然让催纲使臣经常询问并由其提领，对于工期则限定时日。若修好之后还有上述情况，则必须加以严办。

嘉祐二年（1057）五月二十四日，两颗彗星从夜空中划过，随即而来的便是连月不止的大雨，导致惠民河一带暴发水患。据说当时水势直逼安上门，且安上门的门栓也已损坏，城中房宅因大水而损坏的有数万处之多，以至于开封城中需要建造船筏，方能满足日常的交通出行。或许史官记事有夸张成分，但当时水势较大，波及范围较广则是可以肯定的。作为后来者，通过查阅相关史料，我们可知这条河泛滥的原因之中，就包括开封城内中官（宦官）势要的非法营建。根据史料记载，蔡河周边原本建有标识，以防止私人建筑侵袭蔡河而发生水灾。但伴随着当时的中官和官僚们的得势，他们便广置财产，超过标识非法兴造园林亭榭，侵犯到了蔡河流域，导致河流淤塞不通。

包拯身为开封府的父母官，对这些非法营造的亭台楼榭还是了解一些曲折原委的。并且当时朝廷高度重视这次水灾，首先是宋仁宗下罪己诏，认为灾难的发生是因为自己德不配位，随后又下发具体诏旨，要求将河岸附近非法营建的房屋庐舍悉数拆除，以缓解当时的灾情。再者，当时的京师灾异连连，水火并进，共工已然逞凶，祝融再度肆虐，于是包拯立即追查非法营造之事。但面对官府的追查，有宦官自言原来的地契就是如此。面对宦官的拒不承认，包拯要求差役按照地契对土地一一查验，发现那张地契也是权贵伪造的。对涉及河岸附近的非法地产，包拯令人当即拆毁。包拯如此的处置措施，众人表示拜服，而涉事宦官因此事也被罢免职务。包拯作为开封的官长，在处理这起案件时，没有姑息宦官和其他权势之家的非法营造，而是全都摧毁，由此缓解了开封府境内的水灾。河旁的非法营造中，最难处理的要数张尧佐的"青莲台"。包拯对"青莲台"的拆除方法是先拆除周边其他人的非法营造，当只剩下"青莲台"时，张尧佐便会碍于面子将之拆除。但吕公孺提醒包拯说前几任知府采取的就是这样的方法，但结果不仅张尧佐没有拆除"青莲台"，并且原来拆除的非法营造也逐渐重新修筑了起来。于是包拯听从了吕公孺的建议，决定改变做法，到张府交涉。吕公孺携带公文和图籍先行，包拯后到。在交涉过程中，唇枪舌剑，张尧佐甚至搬出去世的侄女张贵妃来保护他的"青莲台"。但包拯为了开封百姓，丝毫没有让步，甚至亲自去拆"青莲台"，由此众衙役和工匠才没有畏惧张尧佐的淫威，"青莲台"得以成功拆除。也是因为张尧佐的非法营建被拆除，那些不法官宦见识到了包拯的决心，才将自家的非法营建悉数拆除。由此，这一次水患才得以成功解决。正是包拯的铁面无私和不畏权势，使得这些不法宦官对他们的不法行径有所收敛，不敢胡作非为。当时的儿童、妇女也对包拯由衷地敬佩，并冠以"包待制"的尊称。

宦官尚且如此，普通官僚的参政范围更广，所能谋得的权势更大，则其所为不法之事自当比宦官更多、更恶劣。当时有高官拖欠他人货物长时间不予偿还，包拯下发官府批文，要求这位高官立即予以偿还。但高官凭借自身的权势，拒不归还，于是包拯便将之传唤到开封府衙，与原告当庭对质。面对这样的局面，这位高官顿觉颜面尽失，于是便把所欠货物如数还给了诉讼之人。包拯对有权势的宦官和官僚的严肃整顿，正是其早年初入仕途时所作的"清心为治本，直道是深谋"的真实写照。

戏曲中的包青天固然已经被世人神化，但历史上的包拯终究只是一个普通人，所以他在主政开封府之时，难免会受到一些人的蒙蔽。沈括在《梦溪笔谈》中记载了这样一起司法案件。当时有百姓犯法，按律当处以杖责脊背的刑罚。此人便贿赂参与审理案件的一名胥吏，于是这名胥吏便公然宣称："你见到府尹之后，他一定会委派我负责这起案件的文书审查，到时你只需要大声申辩你的罪行，我自会为你辩解。如果你受到了杖刑，那我和你一同领受！"等包拯审问完囚犯之后，果真让这名胥吏负责审理公文，于是这名囚犯便按照和胥吏制订的计划，不断为自己申辩。这名胥吏大声呵斥道："你领受杖刑出去就行了，何必多说！"此案的最终结局是胥吏和罪犯共同领受杖责，但罪犯所受杖责少于原定数额。

包拯在审理此案时，总体上还是有所失察的，他认为这名胥吏在卖弄权力，便当庭将之呵斥，并对这名胥吏施杖刑十七下。此案的罪犯最后只是因为这名胥吏的卖弄权势，接受了牵连到的杖刑，而没有按照原来的罪责加以处罚。包拯此举的目的，在于遏止这名胥吏的权势。但他没能察觉自己被这名胥吏利用，而使得胥吏和罪犯能履行他们先前的约定。关于这件事，沈括认为是小人奸诈，难以防范，也认为包拯确实被手下的胥吏玩弄了。这名奸吏所利用的，正是包拯一丝不苟的性格，并以此售其奸。此事在正史和墓志铭中均未记载，但鉴于沈括的生活年代距离包拯较近，或为真事，但也从侧面表现了包拯断案多是亲力亲为。因为按照北宋的制度，府衙之中的案件无须长官亲自审理，审理者多是司录或左右军巡院的相关负责人员。但包拯坚持在他们审理后自己还要过堂复审，以免有误。若包拯不亲自过问，则不会发生这样的事，说明包拯不是那种满足于安逸，以求平安度过三年之后转官磨勘之徒。除了上述断案事例，包拯还对店铺中的酒税进行了改革，有效促进了店铺的经营。

在一些宋人笔记中，记载了包拯主政开封府时，对一些官宦子弟也没有深究。如《邵氏闻见录》记载，章惇年少之时到京城中参加科举考试，居住于族父章得象家中。入仕之后的章惇确实是一名干才，但他品行也确实有缺。此时的他寄居于族人家中，竟然与章得象的妾室发生私情。一日他被发现，便急忙跳墙而走，不幸的是，正好踩踏到了一个在街衢上行走的老妇人，老妇人便把章惇告到了开封府衙。面对这一案件，包拯没有深究，而只是让章惇赎铜了事。邵伯温笔下的包拯似乎并不是不畏权贵，而是因为一些因素而徇私枉法。其或是碍于章惇和章得象的身份，或是碍于章惇踩踏到老妇人的原因，我们虽无法得知其中缘由，但也正好充实了包拯作为一个"普通人"的形象。

包拯也做到了"礼下庶人"，他所谓的严厉，不是酷厉的意思，而是以"恤民"为本的肝肠不屈和铁面无私。这从他的忠君思想中可得一窥。包拯心目中真正的忠君，必须爱民，宽国爱民天下始安，并且"宽民"与"利国"其实是一回事，如果一事"宽民"，那么必然也会"利国"。他在《请罢天下科率》中疾呼："民众是国家的根本，国家财富出于民众，国家安危也系于民众，这是当今的急务。"因此，国家的经济发展和安危状况皆系于普通民众。包拯在《论赦恩不及下》中又提出反问："如果真的为国家着想，怎么能不以爱民为初心呢？"因此包拯主张励精图治，谨慎处理与民众相关之事。

正所谓"天之任德不任刑"，刑罚的作用有限，不应该被放置在过重的位置上，因为这样会有伤教化。在这样的思想指引下，包拯认为君王对民众应该广施教化，少用刑罚。但我们也要认识到，包拯并不是要将刑罚放在德化的对立面加以全面否定，他主张不应该过度使用"重典"，否则就会泛滥无度和残虐苛暴，以至于形成暴政，所以要慎用。因此在选拔司法官吏时，包拯主张不要选择那些希冀名望而偏激的人。若选用这样的人，则会民不聊生，绝非国家之福。同时，还要谨慎选择郡守、县令，以逐渐断绝无名科率。如果科率屡兴，百姓始终心怀忧惧，又恰值灾荒之年，加上官吏的残酷，而使得起义不断，这便成了真正的心腹之患。况且当时已经有这样的征兆，对于此事朝廷更应该深思熟虑。

从上述包拯的言论中我们可以看出，作为传统的士大夫，包拯深谙"民为邦本，本固邦宁"的观点，只有作为国家根本的民众稳定，国家方能安定发展。相对于贪官污吏，包拯对普通民众，更多的是爱护和关心。因此他在执法之时，也坚持奉行"于国有利，于民无害"的主张。相传包拯调任到开封之时，已经积攒了一些名气，又因为包拯喜欢亲自办案，百姓便都希望一睹包拯真颜。宋仁宗得知此事后，御赐给包拯一顶特制的官帽，这顶官帽两边的长度都要比普通官帽长三寸，并且仁宗还下令"但凡碰到包拯官帽的人，都会被判处死刑"。包拯为了满足平民百姓的愿望，每次戴这顶官帽，都会命随从高声呼喊宋仁宗的诏令，以免出现不必要的伤亡。百姓闻讯后，便会让出一条道路。包拯这样的举措既体现了他的爱民思想，也提高了他的行政效率。包拯的这些护民周全的举动来源于他人文性格中的儒家因素。

调离开封府的包拯，先后担任御史中丞、三司使和枢密副使等职，虽然只是做到了枢贰，未能如戏曲中那样成为"包相爷"，但他也跻身宰辅之列。包拯为官三十余载，其官风可谓"一身正气两袖清风，一尘不染克己奉公，一丝不苟勤于政务，一生为民乐在其中"。包拯调离开封府后，他遗留下来的影响有效促进了开封府的治理。包拯到中央任职后，"权知开封府"一职由欧阳修接任。《宋史·欧阳修传》记载欧阳修担任"权知开封府"时，因为承接的是包拯的威严，没有做大的更改，而是循序渐进，按照包拯定立的规约进行治理，他也不求能因为任开封府的长官而青史留名，因此京师也收到了大治的效果。

对于包拯主政开封府时期的评价，不妨借用其墓园的楹联——"铁面贮黄泉，清声远播，墓侧犹张三宝铡；赤心化紫气，明镜高悬，民间记念一青天"来说明。相传当时的小儿在街衢嬉戏，高兴之余会脱口而出，直言去开封府衙玩耍。小儿的这一举动既说明了包拯主政开封期间清正廉明，敢为普通大众发声，也说明了包拯这位开封府的实际长官并不是高高在上的，而是主动靠近普通大众，与之拉近距离。因此，以包拯为主导的开封府衙才会成为平民百姓的日常话题。同时也说明了，包拯主政开封府时相对开明，没有对百姓强加管制，因此开封府衙才会成为小儿的谈资，即便在大街上也可毫不讳言。当时的文学名人和政治家苏辙评价包拯"以威严御下，名震都邑"。朝堂之上则评价其"识清气劲，直而不挠，凛乎有岁寒（松、竹、梅）之操"。吴奎认为包拯"峻节志高，凌乎青云"，且"自始至终，言行如一"。由于包拯在"权知开封府"时的诸多作为，以至于当时的开封人把"开封府"称为"包府"。

包拯去世后，时人张环在其塑像旁边题诗："龙图包公，生平若何？肺肝冰雪，胸次山河。报国尽忠，临政无阿。杲杲清名，万古不磨。"对包拯一生的功绩品格进行高度概括。关于包拯主政开封府时的政绩，后人则用实际行动表达了敬仰之情——北宋时所立的"开封府题名记"碑现藏于开封博物馆，上面刻有北宋一百八十三位开封知府的姓名和上任年月，南宋时的周密曾说上面的姓名中，只有"包拯"二字的指痕较其他人深，如今则模糊到难以辨认了。现今能隐约看到的只有包拯担任"权知开封府"的时间。关于其中缘由，据说这是因为人们在观赏碑记时，出于对包拯的仰慕，便经常用手抚摸，并且还指点其名，天长日久，竟将碑上包拯的名字磨去了。

相对于包拯的本名，后人更熟悉"包青天"三字。世人称呼包拯为"包青天"，既反映了他了解案情，执法公道，更反映了百姓对当时腐败吏治的深恶痛绝，寄托了百姓澄清吏治的深切渴望，蕴含了当时百姓对于清官循吏的期待，希望在当时的皇权专制下，包拯这类强干且清廉的官吏能够站在百姓的立场上，成为百姓的保护者。而单独把包拯称为"包青天"，可见包拯就是他们心目中清官循吏的典型代表。

包拯去世后，开封府的官民特地在开封府衙的旁边建了一座包公祠，以纪念他的业绩，这里香火绵延不断。今天开封市境内的包府坑，相传就是当时的开封府衙和包公祠的旧址。据说，明末李自成攻打开封，当时的开封官员为了抵抗，遂掘开黄河。黄河波涛汹涌，导致原来的开封府衙和包公祠之上只剩下了一汪清水，时人为了缅怀和纪念包拯，遂将此地命名为包府坑。开封府故址则被命名为包公湖，现在开封市内的包公祠就坐落于湖西岸。虽然如今的包公祠是开封市重新建造的仿古式建筑，但包府坑仍然是哀思和怀念包拯的遗址之一。

在包拯家乡合肥，人们也用不同的方式表达了对这位清官的缅怀。如其故乡包公祠中的莲藕，后人也认为无丝（私）。其中的井，也被称为廉泉井，有着象征公正无私的黑褐色井沿。传说不同的人群饮用此水有不同的功效，普通老百姓饮用可以解渴，清廉的官员饮用则是甘甜无害，贪官污吏饮用则会如鲠在喉，更有甚者会当场毙命。不过，事实证明，这只是一个传说而已，但也足以证明当地人民群众对包拯廉洁之风的怀念。另外，今合肥地区所产的廉泉啤酒也比较有名。这无一不体现了后世之人对包拯的缅怀。

对于今人来说，在历代开封府长官中，最熟悉的莫过于范仲淹和包拯。对前者，人们了然于心是因为他是两宋士大夫的典范，也是因为他"先天下之忧而忧，后天下之乐而乐"的千古名句。对后者，人们熟悉他是因为他断案如神、不畏权贵、为民做主的"青天"形象。元代诗人王恽游历开封时，曾作《宿开封府后署》一诗以怀古念昔，今录其诗全文如下，以作为本章的结束语：

拂拭残碑览德辉，千年包范见留题。

惊乌绕匝中庭柏，犹畏霜威不敢栖。

第四章

政治盟友

　　包拯是作为一个清官廉吏为世人所熟知的，但我们也不应忘却，他同时也是一个政治家。任何一个政治家的成功，靠的不仅仅是自己在官场的处世原则与个人优越的政治才能，还要依靠当时的政治环境、政局情势以及政治盟友。尤其是政治盟友，这决定了一个政治家的政治网络，从而影响政治家的成败兴衰。看完包拯知开封府的生涯后，不知读者诸君会不会思考这样一个问题：包拯这样铁面无私、刚正不阿，能在政治这个大染缸中找到志同道合的朋友吗，难道不会"水至清则无鱼"吗？

答案是否定的。在包拯的一生中，对其产生重大影响的政治人物并称得上政治盟友的大致有三个：刘筠、文彦博以及吴奎。其实，如果严格来说，包拯的政治盟友当然远远不止这三个人，还有其他比较重要的盟友，如亦在谏院供职的陈旭，几乎每次随同包拯和吴奎一起上言的人物都有他。再比如唐介，虽然最后二人因为弹劾文彦博的问题有了分歧，但是在早些时候，二人共同弹劾张尧佐时却有过不少配合，从某种意义上来说，他也是一个不错的政治盟友。此章之所以选择刘筠、文彦博以及吴奎这三个人来讲述，其背后还有一个重要的原因，那就是此三人和包拯有一个很重要的交集点，是在天圣五年（1027）。这一年，刘筠担任知贡举，主持科举考试的相关工作。也是在这一年，包拯、文彦博、吴奎三人，皆中进士。这种神奇的缘分，也是其他可以称得上包拯政治盟友的人所不具备的。

一、伯乐刘筠

韩愈曾在他的千古名篇《马说》里讲道："世有伯乐，然后有千里马。千里马常有，而伯乐不常有。"对包拯来说，刘筠就是这样一个伯乐。前文已述，宋仁宗天圣五年（1027），包拯赴京参加科考，刘筠正是此届科考的主考官。史书中说刘筠："凡三入禁林，又三典贡部"，此话大体勾勒了刘筠的仕宦生涯。刘筠于真宗咸平元年（998）举进士，授任馆陶县（今属河北省邯郸市）尉。咸平五年（1002）还京，恰逢真宗下诏让知制诰杨亿试选人入校太清楼书。刘筠参选了，并被杨亿擢为第一，被授任大理评事、秘阁校理，这是他第一次"入禁林"。被杨亿擢为第一，这可是不得了的大事，杨亿是当时的文坛领袖，受到这样的大人物的赏识，可以说是刘筠巅峰人生的前奏了。这一年，刘筠年方三十一，正处于开创一番事业的好年华。后来刘筠果然成就一番功名，与提拔他的文坛大佬杨亿齐名，即《宋史·刘筠传》所说："初为杨亿所识拔，后遂与齐名，时号'杨刘'。"

景德二年（1005），宋与辽签订"澶渊之盟"后，边境获得安宁，国家重心可以暂时从边事上面转移开来，真宗亦开始将注意力放到文治上。于是真宗下诏编修《图经》《册府元龟》等书，开启了一项重大的国家工程。这些大型国家工程，刘筠都参与其中。等到《册府元龟》编修完成后，刘筠进官为左正言、直史馆、修起居注，后来又任左司谏、知制诰，加史馆修撰，一度承担了史官的工作。随后，刘筠第一次外调地方工作，先后历任知邓州（今河南省邓州市）、知陈州（今河南省周口市淮阳区）。回京后，任知贡举，这是刘筠第一次"典贡部"。到了真宗晚年的时候，皇帝久病，刘筠认为朝中奸臣当道，不可久居，于是请求外调。朝廷便任其知庐州（今安徽省合肥市）。

乾兴元年（1022），真宗驾崩，仁宗即位。刘筠被朝廷召回京，历任翰林学士、御史中丞。随后，刘筠被授任知天圣二年（1024）贡举，这是他第二次"典贡部"。后进枢密直学士，这是他第二次"入禁林"。此后又出任知颖州（今安徽省阜阳市颖州区），回京后再任知贡举，并进翰林学士承旨兼龙图阁直学士、同修国史，这是他第三次"典贡部"与"入禁林"。后于天圣六年（1028）又再次出知庐州。许是诗人的天性使然，一直以来，刘筠便钟爱庐江这个地方，大概是爱屋及乌，又或是因为庐州本身就人杰地灵，因而他喜欢上了庐州。刘筠在知庐州的时候，在此建造了一个书阁，专门用以收藏此前皇帝所赐文书，宋仁宗听闻此事后便赐名"真宗圣文秘奉之阁"。刘筠一生之中曾两次知庐州，等到他风烛残年之际再任知庐州时，便开始为自己营建冢墓，制造棺材，并亲自撰写、镌刻墓志铭。此后，刘筠便在自己钟爱的庐州度过余生。天圣九年（1031），刘筠卒于知庐州任上，谥曰"文恭"。

刘筠一生富有文才，著述颇丰，是当时的文坛高手。《宋史·刘筠传》称他著有"《册府应言》《荣遇》《禁林》《肥川》《中司》《汝阴》《三入玉堂》凡七集"，可惜绝大多数已经失传，今仅存《肥川小集》一卷，收入《两宋名贤小集》。另有其部分唱和诗作，收入《西昆酬唱集》。史称"其文辞善对偶，尤工为诗"，因而才能在真宗咸平五年（1002）试选入校太清楼书时，受到当时"以文章擅天下"的文坛领袖杨亿的提拔，被擢为第一。

　　《西昆酬唱集》是宋初文坛领袖杨亿所编的中国西昆体诗集，共两卷。该集所收录的唱和诗，以杨亿、刘筠、钱惟演三人的诗作居多，诗体以五七律诗为主。其来历要追溯至《册府元龟》的编修之时。真宗景德二年（1005），《册府元龟》编修工程启动。《册府元龟》是有宋一代三大类书之一，类书相当于我们现在的"百科全书"。编修像《册府元龟》这样的大型"百科全书"，一定少不了各种烦琐的细枝末节，但也许是文人天生性情烂漫，故仍能在枯燥中找寻乐趣。杨亿、刘筠等人便在编修《册府元龟》之余，互相写诗唱和，以此为忙里偷闲之乐。后来杨亿于真宗大中祥符元年（1008）秋，把他们在编修《册府元龟》的几年中互相唱和的诗篇汇集成册。同时，杨亿根据《山海经》和《穆天子传》记载昆仑山之西有玉山册府的典故，为诗集取了一个动听的书名，曰《西昆酬唱集》。值得一提的是，有学者发现，实际上，从诗集内容来看，参加唱和的十多位作者并不都是当时曾参与编修《册府元龟》的人员。他们各自的政治立场和创作风格也并非完全一致，大概只是因为彼此都和杨亿、刘筠有诗歌往还，所以他们的一部分作品就被归入这部唱和集里了。

杨亿在《西昆酬唱集序》中说，他们这些保存在集中的诗，其主旨在于"历览遗编，研味前作，挹其芳润，发于希慕，更迭唱和，互相切劘"，大意便是，在编修《册府元龟》这种"百科全书"式的类书时，他们得以阅览很多以前的古书，故能细细研读品味，吸取其中精华。在产生仰慕之意的同时，有感而发，次第写作唱和，以互相切磋。据研究，全集有 70 个诗题之多，主要可以概括为三类题材：一是借古喻今的怀古咏史诗，如《始皇》《宜曲》《汉武》《南朝》《明皇》等皆属此类；二是描摹物态的咏物诗，如《鹤》《梨》《柳絮》《萤》《泪》等；三是描写流连光景生活内容的闲适诗，如《直夜》《夜宴》《别墅》等。集内诗歌重雕琢用典、铺陈词藻，讲究声律，自成一风，或许因这个诗集名字中有"西昆"二字，故称这种诗体为"西昆体"，在宋初诗坛上影响颇大。

也正得益于《西昆酬唱集》的留存，虽然刘筠的作品大多已经失传，但我们仍可从诗集里的一些作品中，一睹当年名家刘筠的文采风华与人格魅力。史书说刘筠"性不苟合"，特别是在真宗时期朝政稍显混乱的时候，尤能体现他的这一性格。话说景德二年（1005）"澶渊之盟"后，由于王钦若的煽风点火，真宗觉得这是"城下之盟"，进而想要通过行封禅事，通过各种符瑞天书来粉饰太平。皇帝心思如此，全国各种"祥瑞"便"纷至沓来"，从而陷入一场"符瑞狂欢"之中。《宋史》竟然称这个时候刘筠"数上赋颂"，但这大概不是实话。因为当时刘筠还在修《册府元龟》，并在此期间专门写了一首讽刺这场"符瑞狂欢"的诗，诗题便作《汉武》：

> 汉武天台切绛河，半涵非雾郁嵯峨。
>
> 桑田欲看他年变，瓟子先成此日歌。
>
> 夏鼎几迁空象物，秦桥未就已沉波。
>
> 相如作赋徒能讽，却助飘飘逸气多。

这是保存在《西昆酬唱集》中的咏史诗名篇。纵观全诗，处处显露一种讽刺的意味。前两句便是讲汉武帝迷信神仙方士，求仙修术，并专门大兴土木修建通天台的事情。但这并不能让汉武帝长生不老，"桑田欲看他年变"，武帝是人不是神，该老该死还是会老会死，更不能保国泰民安，黄河瓠子口决口数十载，"瓠子先成此日歌"，极显讽刺口吻。接着第五、六句提到汉武捞鼎一事，并巧妙地用"秦桥未就已沉波"来暗喻秦朝短命而亡，进而讽刺汉武时已有"亡秦之迹"，这其实也是自汉以来士大夫的共识。最后两句更是点睛之笔，述司马相如作赋讽谏汉武帝，却让武帝更觉"飘飘逸气多"。在当时真宗让全国陷入祥瑞天书的狂欢背景下，这首诗的辛辣讽喻便更为突出了：诗虽然写的是汉武帝，但只要是身处那个时代，便会觉得诗中的内容一点都不陌生，因为当时也是各种天书盛行，统治者也是沉迷于这种虚无缥缈的事情之中。除了《汉武》之外，刘筠还写过《南朝》《柳絮》等诗，主旨皆是针砭时政，有"千古风流佳丽地，尽供哀思与兰成""汉家旧苑眠应足，岂觉黄金万缕空"等佳句。像这样写诗引史辛辣讽喻时政的刘筠，又怎么会附和其中，"数上赋颂"呢？甚至在真宗末年的时候，刘筠因为朝廷中奸人当道，所以请求外调，俨然一副不与奸臣同流合污的形象。可见，忠正是刘筠为人处世的态度。

刘筠不仅"性不苟和"，还"临事明达"，"其治尚简严"。后世人们可能熟知包拯更甚于刘筠，但这些对刘筠的描述，放到包拯身上也是完全符合的。如前所述，真宗末年的时候刘筠因为不欲与朝廷中的奸人同流，请求外调。天禧五年（1021），朝廷便命他知庐州，他因此与这个地方结下了不解之缘。包拯是庐州人，刘筠自此也与包拯的人生有了交集。《宋史》说包拯"少时，颇为刘筠所知"。刘筠一生中曾两次知庐州，一次在天禧五年（1021），一次在天圣六年（1028）。

刘筠和包拯的第一次交集，当是在天禧五年（1021）他第一次出任庐州知州的时候。这一年，包拯二十三岁。刘筠可是当时的文坛大家，这样一个有身份和地位的大人物对一个尚名不见经传的年轻人表露赏识之意，可想而知能产生多大的影响。客观上，使得包拯年纪轻轻就小有名气，为其日后顺利地步入仕途、争取人脉无疑起到了重要的作用。主观上，包拯年纪轻轻就受到了大文豪的赏识，势必会更加奋发有为，勤学上进。因此刘筠"性不苟合，临事明达，而其治尚简严"，无疑也对年轻时的包拯产生了深远的影响。在往后包拯的为人处世之中，处处能看得到其伯乐刘筠的影子。《包拯集》卷十《求外任（三）》载包拯疏曰："臣生于草茅，蚤从宦学，尽信前书之载，窃慕古人之为，知事君行己之方，有竭忠死义之分，确然素守，期以勉循。"包拯年少时便志向高远，勤奋刻苦，既然私下仰慕古人之行事作风，那么对刘筠这样的忠正之人，亦必定十分崇拜，引以为自己追慕、效仿的偶像也是情理之中的事。而如前所述，刘筠是受杨亿赏识而入仕途的。而杨亿为人正直，风骨铮铮，清忠大节，所以也会对初入仕途的刘筠产生影响。而刘筠又影响了包拯，可见，这忠直的性情是一代又一代的忠正之士所流传下来的品性。

刘筠不仅是包拯在为人处世方面的老师，还是包拯考中进士时的座主，即考试时的主考官。虽然当时在制度上已经让所有考中进士的士人成为"天子门生"，但实际上"主考官—考生"的联系仍是不可忽略的政治关系。真宗去世后，仁宗继承皇位。不久，朝廷将在庐州担任知州的刘筠召回中央。天圣五年（1027）正月，仁宗命刘筠任知贡举。包拯参加了这一年的科举考试，并不负众望，最终金榜题名，一举中第，为进士甲科。这一年，包拯二十九岁。该年可谓宋代的"幸运年"，这一年中的进士里面，有许多日后在历史舞台上发挥重要影响的人物，包拯是其中之一，还有后面两节讲到的包拯的世交文彦博、包拯的亲密战友吴奎，以及日后和范仲淹活跃于西北与西夏作战的韩琦等。据《宋会要辑稿·选举二之七》载，按照宋代规定，及第第一甲的，可担任"大理评事、知县"，包拯即被授大理评事、知建昌县。北宋时期的建昌县大致位于今天江西省的永修县，以当时的交通条件而论，此地距离包拯的家乡庐州实在过于遥远，包拯无法日常侍奉年迈的双亲。包拯是一个孝顺的人，他便以父母年事已高为由，向朝廷辞去了建昌知县的职务。朝廷便想另任他监和州税，当时庐州与和州相毗邻，显然是为顺应包拯的养亲之愿而做出的调整。但出于安土重迁的乡土观念，哪怕是相邻的行政区划，包拯的父母亲也不愿离开乡里而居住在异乡。

因此，包拯就只好辞官不赴，安心在乡里侍养父母亲，在家乡庐州这一待，便是十年。司马光在多记传闻的《涑水记闻》这本书中便记到，包拯"不仕宦且十年，人称其孝"。由此颇可得见包拯的孝名远播。至景祐四年（1037），包拯方重新出仕，任知扬州天长县。据说，包拯双亲继亡后，"犹不思去"，经同乡里人"数劝勉之"，方才出知扬州天长县（今属安徽省天长市），包拯之品德，由此可见一斑。

天圣六年（1028），刘筠再任庐州知州。到天圣八年（1030），刘筠在庐州与世长辞。如上所述，包拯在天圣五年（1027）及第后便因要侍养双亲而在家乡庐州待了十年。因此，在刘筠人生的最后几年里，一定没少了包拯的陪伴。刘筠只有一个儿子，但去世得比较早，因而绝嗣。到嘉祐元年（1056），刘筠因无后嗣继承其田产，被官府没收土地。伯乐刘筠的知遇之恩，显然让包拯永存于心，无法忘怀。若以刘筠第一次知庐州算起，至1056年已过去了三十五年。倘以包拯考中进士那年算起，亦过去了二十九年。此时的包拯，已是五十八岁之龄了。为报答刘筠的知遇之恩，包拯为此上疏，请求将刘筠族子刘景纯过继给刘筠，以此续嗣然后继承田产。朝廷批准了这一提议，将从刘筠处没收而来的土地退还给刘景纯。刘筠亦算是后继有人，不至于绝后了。在传统观念里，不孝有三，无后为大，因而对刘筠来说，包拯的奏疏延续了刘氏这一支的香火，也算是极大的报答了。遗憾的是，刘筠并未能活到看见包拯施展才干的那一天。

二、世交彦博

我们现在常用"发小"来形容从小关系就亲密的朋友，称得上包拯发小的人，大概就只有文彦博了。放在古代，或许用"世交"来称呼比较合适一点。文彦博的父亲文洎和包拯的父亲包令仪曾一起共事，是同事关系。包拯与文彦博已"相友甚厚"。文彦博还和包拯同在仁宗天圣五年（1027）及第进士，两家之亲缘可见一斑。

文彦博（1006—1097），字宽夫，汾州介休（今属山西省介休市）人，号伊叟，又自号南极真子。曾祖父敬崇远以上先祖本非姓文，而是姓敬。五代十国时期，须避后晋高祖石敬瑭的讳。

到宋代，又须避宋翼祖赵敬（宋太祖赵匡胤的祖父，"翼祖"是赵匡胤称帝后的追称）的庙讳，故干脆直接改姓氏为"文"。文彦博因后来被封为潞国公，故世称"文潞公"，其传世文集便称为《文潞公集》。

文彦博年幼时曾追随龙昌期问学，《文潞公集》中有《送龙昌期先生归蜀序》，对他的老师有所描述。龙昌期，字起之，在真宗大中祥符年间曾注《易》《诗》《书》《论语》等经典，是一个博学之人。文彦博年幼时便受到他的指点，想必打下了厚实的学养基础。真宗天禧二年（1018），文彦博跟随父亲文洎监征阆州（今属四川省阆中市），这一年，文彦博十三岁。嘉庆《介休县志》卷十引《摭言》记载了这样一个故事：文彦博在小时候跟父亲一起监征阆州，在路上遇到一个道士。道士见到文彦博之后便说道："君有仙人之相，降到凡间来当国家的在世申伯或者仲山甫。"申伯和仲山甫均是周代名臣，此道士是在预言文彦博以后必是个能臣。于是，十三岁的文彦博便自号为"南极真子"。

仁宗天圣二年（1024），文彦博已是十九岁的青年才俊。这一年，他父亲文洎通判南京（应天府，今属河南省商丘市睢阳区）。也是在这个时候，文彦博和他的弟弟文彦若向孙复求学。孙复者何许人也？孙复，字明复，号富春，是晋州平阳（今属

山西省临汾市）人，"宋初三先生"之一。据说，他四举开封府
（今河南省开封市）籍进士不第，后来便退居泰山，聚众讲学，
人称"泰山先生"，是为泰山学派之祖。文彦博得到如此人物的
教诲，学问想必更为精进。

到了天圣四年（1026），文彦博参加乡试，中了举人。到了
京师后，文彦博发现他的世交好友包拯也在举人之列，故二人
"相友甚厚"。在文彦博的《文潞公集》里，有《寄友人包兼济
拯》七言律诗一首：

> 缔交何止号如龙，发箧畴年绛帐同。
>
> 方领聚游多雅致，幅巾嘉论有清风。
>
> 名高阙里二三子，学继台城百六公。
>
> 别后愈知琨气大，可能持久在江东。

此诗写于何时，现已很难考证了。"包兼济拯"之"兼济"，
或是包拯的别号，或是早期的别字，但它似乎并不为世人所熟
知。但正是这样不为人知的细节，恰恰反映了文彦博和包拯的深
厚交情。就像两小无猜，互相知道对方的小名、乳名，以此见关
系亲昵。全诗呈现二人早年的交游与求学之情境，令人读罢如置

身其中。

这一年冬天，文彦博借宿在史炤家，与张昪、高若讷二人一起向史炤学习，应当是准备接下来的进士考试。到了仁宗天圣五年（1027），在正月十二日这一天，皇帝命刘筠知贡举。四天后，皇帝又下诏给贡院，命令自今之后的进士考试，不得只看诗赋就确定名次，还要参考策论才能确定优劣。之后，文彦博一举考中进士，与包拯同榜及第。

考中进士之后，文彦博先后任翼城（今属山西省临汾市）知县、绛州（今属山西省运城市）通判、监察御史、殿中侍御史、河东转运副使、天章阁待制、枢密直学士、知秦州（今属甘肃省天水市秦州区）、知益州（今属四川省成都市）等职。庆历七年（1047），文彦博被朝廷召回中央，授任枢密副使、参知政事。后因平定贝州（今属河北省邢台市清河县）王则之乱，文彦博以功升同中书门下平章事、集贤院大学士。任上，文彦博给宋廷推荐了王安石、韩维等人才。皇祐元年（1049）八月，任文彦博为昭文馆大学士。皇祐三年（1051），文彦博因被御史唐介弹劾在其当益州知州期间曾送蜀锦给张贵妃，因而被罢为观文殿大学士，出知许州（今河南省许昌市），此事后文还会再详叙。后改任忠武军节度使、知永兴军。

至和二年（1055）六月，文彦博复任同中书门下平章事、昭
文馆大学士，富弼亦同时授拜为同平章事。宣布任命当天，大臣
们以朝廷能够任用英才而互相庆贺。后又改任判河南府（今河南
省洛阳市），封潞国公，并先后历任判大名府、判太原府等地方
官。之后文彦博因母亲去世，辞官回乡守孝服丧。

此间仁宗去世，英宗即位。朝廷欲起复文彦博为成德军节度
使，文彦博心孝，多次上表请求服丧至期满，朝廷最终答应了文
彦博的请求。文彦博服丧期满后，朝廷让文彦博以故官的身份判
河南府。不久后又除任侍中，判永兴军。后英宗召文彦博入朝，
授任枢密使。

治平四年（1067），英宗驾崩，神宗即位。到了熙宁二年
（1069）二月，神宗任命王安石为参知政事，主持变法。文彦博
与王安石的政见有分歧，对变法中关于市易、青苗诸法等内容有
异议，论及其中存在的各种伤害百姓的弊端以及由此产生的民
怨。因反对变法，文彦博为王安石所恶，在朝中遭到王安石的排
斥。因此，文彦博被授予司空、河东节度使、河阳判官，被迫离
开了中央，不久后又加司徒。元丰三年（1080），又拜太尉，复
判河南。后上奏请老，以太师致仕，居于洛阳。致仕，即今日所
言的"退休"。

哲宗元祐元年（1086）四月，司马光推荐起用文彦博，认为文彦博是前朝德高望重的元老，理应起用以辅政。宣仁太后想任命文彦博为三省长官，但由于有人上言反对，以为不可，故让文彦博出任平章军国重事。又过了五年，以太师充护国军、山南西道节度使等复致仕。绍圣四年（1097），章惇秉政，有人上言文彦博曾党附司马光，一起反对王安石变法，诋毁先烈，故降文彦博为太子太保。也就在这一年，文彦博去世，享年九十二岁。到了徽宗崇宁年间，当时蔡京当权，将文彦博、司马光等人列入"元祐党籍"，并刻元祐党人碑。之后徽宗特别诏命将文彦博移出元祐党籍，并重新追封太师，赐谥为"忠烈"。终文彦博一生，共历仕仁宗、英宗、神宗与哲宗四朝，出将入相约达五十年之久，名闻域外。

文彦博历仕四朝，享年九十二岁，亲历了北宋中期一系列重大事件，如宋夏战争、庆历新政、王则之乱、熙宁变法、元祐更化、绍圣绍述等。史书说他"虽穷贵极富，而平居接物谦下，尊德乐善，如恐不及"，意思是说他虽然大富大贵了，但待人接物仍十分谦和卑逊，推崇德行，乐于行善，唯恐做得不好。他待人宽和，其字宽夫，果真人如其字。对于这位高寿的政治家，《宋史》是这么评价的："文彦博立朝端重，顾盼有威，远人来朝，仰望风采，其德望固足以折冲御侮于千里之表矣。"意谓文彦博在朝廷端庄持重，素有威严，以至于威名远播于域外。《宋史》把文彦博和富弼放到了同一个列传中，评价二人"公忠直亮，临事果断，皆有大臣之风，又皆享高寿于承平之秋。至和以来，共定大计，功成退居，朝野倚重"。公忠直亮，无疑是对文、富二人品性的评价；临事果断，是对二人处事的评价；大臣之风，则是对二人总体的高度评价；二人又皆享高寿，也都功成身退，为朝野所倚重。如前所述，二人还是同时被授任同平章事的，士大夫以得人相庆，二人性情又相似，冥冥之中，岂非缘分？

有道是"物以类聚，人以群分"，文彦博公忠直亮如此，以我们对包拯的了解，可知二人亦是相近的性情，也难怪他和包拯能如此亲近。二人之亲密关系，应当不仅仅是由于两家父辈的关系，还得益于二人的性情相投。自从天圣五年（1027）文彦博和包拯同时考中进士后，两人便走上了不同的仕途。如前所述，考中进士后，文彦博便按照宋代规定，由知县开始一步一步做起，而包拯则因为要侍养双亲，又在家乡待了十余年，之后方才复仕。

皇祐二年（1050），包拯被朝廷擢为天章阁待制、知谏院，开始了他与权贵抗争的生涯。同年六月，包拯与吴奎等人上疏弹劾张尧佐。吴奎是包拯在谏院的同事，也是包拯的亲密战友，读者诸君且莫着急，下节我们会专门谈到此人。与汉代相似，宋时亦讲究"天人感应"，将各种天灾比附人事，投射到政治领域，便是由于某些官员办事不力，甚至是皇帝做错了什么事，老天便降下各种灾异以示警告。且不论他们是真心相信这些还是假意相信这些，但以此来开启对某个官员的弹劾，却是一种比较实用的政治手段。这次弹劾张尧佐，便用上了这种方法："最近有各种地震、水灾，是上天警示朝廷现在是小人当道，千千万万的百姓都说张尧佐是平庸之人，是凭借皇帝对张贵妃的宠幸而推恩上位的，他德不配位，老天不答应，百姓不乐意。"原来，就在上一年，即皇祐元年（1049），三月时仁宗任张尧佐权三司使，即代理三司使，到九月，张尧佐就正式升任为三司使了。

但显然这次弹劾仁宗并没有听进去，反而变本加厉。在包拯等人第一次上疏弹劾张尧佐后的六个月，即皇祐二年（1050）闰十一月初六日，仁宗又任张尧佐为宣徽使、淮康军节度使、景灵宫使。第二天，即初七日时，又加任同群牧制置使。于是，包拯第二次上疏弹劾张尧佐。可能是由于第一次弹劾的时候，皇帝并没有理会，包拯怕重蹈第一次弹劾的覆辙，故这次一连上了两份弹劾奏章，其中一份说："臣包拯见到皇帝对张尧佐四使的任命，感到十分惊讶。张尧佐是个庸才，他的才能实在是难堪大任，希望皇帝以祖宗基业为重，顺应官意民意，撤回对张尧佐的任命并把他调到地方去，这样才能平息天下的异议。"另一份奏章则直指问题的根本："后宫之人平时离皇上很近，知道皇帝的一举一动、一言一行，也当然知道皇帝没有立太子，故产生了私心，无不通过给皇帝吹枕边风来为自己家的人谋福利。"其矛头直指张贵妃。到了十五日，退朝的时候，御史中丞王举正让百官留下当廷谏诤。王举正拉上殿中侍御张择行、唐介以及谏官包拯、吴奎在皇帝面前据理力争，甚至将矛头指向了当朝宰相。皇帝没办法，只好在十六日下诏削夺张尧佐宣徽使、景灵宫使二使。包拯等人的劝诤，成功让皇帝暂时妥协。包拯亦因此次弹劾而出了名，人称"包弹"。

　　然而，包拯等人争取来的胜利转瞬即逝。到了皇祐三年（1051）八月十三日，宋仁宗又任命"淮康节度使、同群牧处置使张尧佐为宣徽南院使、判河阳"。随后，包拯分别在十七日和二十二日再上疏弹劾张尧佐。唐介亦上疏弹劾张尧佐，皇帝跟唐介说，这次任命是中书的意思，显然系皇帝不想再忍受像上一年那样的劝诤轰炸，所以将这个锅甩给中书，于是唐介说那就应当责备中书。唐介上奏弹劾文彦博："文彦博这个人专制专权，任人以私。他在知益州的时候用蜀锦巴结后宫的张贵妃，因此最后才能被擢拔为宰相。之前张尧佐任宣徽使、节度使一事，臣唐介多次上疏对此进行议论。直到亲自面圣，皇帝说是中书的意思，因此我才知道对张尧佐的任命并非陛下的本意，这大概是因为文彦博继续阴谋迎合张贵妃。文彦博想通过重用张尧佐来巴结张贵妃。"

皇帝也是第一次听闻文彦博送张贵妃蜀锦的事情，因此急忙召中书、枢密二府官员前来讨论此事。二府官员到后，皇帝把唐介的奏章公示于众，并问这到底是怎么回事。唐介当面与文彦博对质说："你应该好好反思一下，确有其事，就不要隐瞒皇上。"文彦博显得十分心虚，只是"拜谢不已"，并没有直接据理否认此事。枢密副使梁适拉唐介下殿，唐介更加义正词严，不肯离开。皇帝下令将唐介送去御史台接受弹劾。文彦博对皇帝说："台官言事，这是他们的职责，请求皇上不要加罪于唐介。"宋仁宗当然不同意。他知道唐介虽然明面上将矛头指向了文彦博，但其实还是冲着他和张尧佐来的，所以唐介才会在奏章里特地说明他听闻皇帝言封张尧佐是中书意思的事情。但同时，皇帝也对文彦博私交张贵妃的事情表示不满。于是在这一年的十月，将殿中侍御史里行唐介外调为春州别驾，罢礼部尚书、平章事文彦博为吏部尚书、观文殿大学士、知许州。

这么大的事件，在中央的官员不可能不知情，尤其是包拯和吴奎所在的谏院。这事也牵连了吴奎，导致吴奎被贬。包拯便上奏请求挽留吴奎，宋仁宗看到奏章后说："唐介之前说吴奎、包拯都私下结交文彦博，今时看此奏章，唐介所言不虚。"由宋仁宗的话来看，唐介应该还在弹劾文彦博的奏章里提到了包拯。许是由于与文彦博同年中举，包拯为避嫌而没有上奏皇帝请求挽留文彦博，仅是上奏挽留了吴奎。因此，从这件事可以看出，包拯也是有"私心"的，在弹劾文彦博这件事上，包拯并没有像之前弹劾张尧佐那样，与唐介站在统一战线。但又碍于和文彦博同年进士的关系，不便于直接出面反对唐介和保护文彦博，故选择沉默则是最好的应对。也有人认为，对于文彦博巴结张贵妃一事，包拯并不知道，而且唐介也知道包拯和文彦博的私交甚好，宋仁宗迅速处理弹劾事件，是不想让包拯再次弹劾文彦博，怕此事影响二人的感情。实际上如果仔细推敲，这种看法是站不住脚的。原因很简单。首先，为何唐介能知道文彦博当年知益州时私交张贵妃的事情，而包拯就不能知道？何况包拯掌握着谏院，掌握风闻的能力应该不会比唐介差。其次，张尧佐再除二使是皇祐三年（1051）八月时的事情，唐介的弹劾，亦当在这个时间前后。而至十月，皇帝方才对唐介、文彦博二人作出处理，不能说是"迅速"。再者，从宋仁宗的口中可知，唐介弹劾文彦博的奏章中即已说包拯、吴奎二人与文彦博有私交的事情，此事亦恐怕不是空穴来风。

在这次事件中，包拯对文彦博的态度与行为，作为当事人的文彦博自然是清楚的，政治家之间的举措内涵，他也自然领会得了。同时，文彦博也将这份情义铭记在心。到了至和二年（1055），已到地方做官的知庐州、龙图阁直学士、刑部郎中包拯因保举官员不当，承担责任，被贬官为兵部员外郎、知池州。原来，包拯此前在任陕西转运使的时候，曾推举凤翔监税、柳州军事判官卢士安，后来朝廷发现任非其人，故给包拯以降官的处分。包拯由位于淮南路的大州庐州，被贬到位于江东路的偏僻小郡池州（今属安徽省贵池市），其心情何等不快可以想见。如前所述，这一年，文彦博和富弼同时被拜为相。

至和三年（1056）正月，宋廷上发生了一件大事，宋仁宗发病，不能理政，非常时期，文彦博通过他老练的政治手段，和诸位大臣一起，很快就把局势稳定了下来。初一日，正在朝会的时候，宋仁宗忽感风眩，朝会匆匆结束。初六日，宋仁宗在紫宸殿宴请辽国使者。辽国使者正步入庭中，宋仁宗就开始语无伦次，近臣知道皇帝犯病，马上将其扶入禁中。文彦博以仁宗的名义跟辽国使者说，昨夜皇帝饮酒过多，今日不能亲自参加宴会，只好派遣大臣到驿站去给各位使者赐宴，并授予国书。随后，文彦博与中书、枢密院两府官员在殿阁中等候消息。过了一会儿，文彦博将内侍官史志聪叫唤出来，询问皇帝的情况。史志聪回答说："宫禁中的事情属于机密事，不能泄露也不敢多嘴。"文彦博当场呵斥他说："你们这些宦官在宫禁中进进出出的，不让宰相知道皇帝的情况，是意欲何为？从今时起，皇帝的病情必须即时向我汇报，不然的话，以军法处置。"文彦博让人带着史志聪去中书取军令状，于是史志聪不得不听命于文彦博。这天晚上，皇城各门的管理人员向史志聪禀报到了下锁的时间了，史志聪对他们说："你自己去向宰相们禀告，我受到军令约束，暂时不再管这个事情了。"由此，禁中发生的事情，宰相们都能够一一知悉掌握。

初七日，仁宗在宫禁中大喊："皇后与张茂则密谋做大逆不道的事情。"语言极其错乱。见到皇帝病得如此厉害，不能处理国事，于是两府官员计划留宿禁中，但苦于没有一个名义，做事要名正言顺，名不正言不顺，事就不顺。于是初八日这一天，文彦博又与刘沆、富弼计划在大庆殿设醮，为皇帝祈福消灾，借此留宿殿庐。史志聪说："这在以前没有先例。"文彦博反问道："现在还是讲先例的时候吗？"初九日，仁宗病情稍微缓和了一点，于是在崇政殿见群臣以安定众臣的心。初十日，二府官员求见皇上，史志聪试图阻拦。富弼说："宰相怎么能一天都不见皇帝呢？"大概是想起之前军令状的事情，史志聪等内臣不敢坚持，于是二府官员入福宁殿皇帝卧室内奏事，此后二府近臣每天都到禁内东门问候皇帝起居情况，其余百官五天一入。十五日，皇帝头脑开始慢慢清醒，但始终不开口说话，辅臣们奏事，皇帝也只是点点头表示同意而已。随着皇帝开始清醒，一切事情逐渐恢复正常。十九日，罢停醮事，二府官员开始次第回家住，不回家的人就到自己办公的府上去住。当时仁宗尚未立嗣，所以一旦皇帝猝然长逝，将会引发政局动荡，后果不堪设想。所幸文彦博、富弼等大臣，遇事有谋断，各种处置得当，于是一场政治风波就这样被平复了下来。

对于皇帝在朝会上生病的事情，包拯应当是知道的。在收录欧阳修文章的《欧阳文忠公文集》中有《赐知池州包拯进奉石菖蒲一银合敕书》，里面说道："包拯爱卿，你见识长远，言里言外都透露着忠心。爱卿身在地方心在中央，很及时地上贡了那边的土特产石菖蒲。这让朕深深地感受到爱卿的至诚之心，也更加赞叹赏识爱卿的忠诚。"这封给包拯的敕书是欧阳修草拟的,所以被收录在了他的文集中。学者根据里面的时间线索推断,包拯进贡石菖蒲,应该在此年的六七月。石菖蒲是菖蒲的一种,宋人唐慎微《证类本草》记载:"菖蒲,味辛温,无毒。……长期服用的话会感到身体很轻盈舒适;耳朵感觉很清亮,眼睛感觉很明亮;记忆力不再下降,头脑不再昏沉;延年益寿,保养心智;还让人不显老。"由此可知,菖蒲有"轻身,聪耳目"的作用,再结合前面引用的敕书中的内容可知,包拯应当是知晓了仁宗这次朝会生病的事情,所以献上了池州当地的菖蒲。在《嘉靖池州府志》一书中"土产"一章里面,也专门提到了池州的菖蒲,可见,菖蒲是池州的一种土产,效果应当不错,皇帝应该是非常满意的。同时,在七月的时候,欧阳修趁着之前发生的水灾,先后上了《论水灾疏》和《再论水灾状》,并在《再论水灾状》中趁机推荐了包拯、王安石等人,称赞包拯"清节美行,著自贫贱;谠言正论,闻于朝廷;自列侍从,良多补益",希望仁宗予以重用。殿中侍御史里行吴中复也上请召还包拯、唐介,当时任宰臣的文彦博也同意了,上请皇帝按照吴中复的奏章来任用包拯、唐介二人。

于是同年八月四日的时候,朝廷下制诰复包拯官为刑部郎中，并徙知江宁府（今江苏省南京市）。八月十日，便下前面所引《赐知池州包拯进奉石菖蒲一银合敕书》以表扬包拯的忠君精神。有人认为，前引文彦博的那首《寄友人包兼济拯》，当在这个时候所写，"可能持久在江东"，便是暗示包拯不会在江东路的池州任上待太久，表现出文彦博在朝中对包拯的帮助。如果这个解释能够成立，那么也就能够解释得通，为何皇帝生病这样的机要事情，能够传到远在池州的包拯耳中，背后有文彦博的消息传达亦并非不可能。没过几个月，到了十二月，包拯又被任为右司郎中、权知开封府，从地方调回了京城。这一年，包拯五十八岁。升迁如此之快，除了包拯本身具有才能以外，作为宰执的文彦博，应当也是起了一定的推动作用。文彦博虽然是一个持重之人，但有时候也是会徇私的。如这一年闰三月的时候，朝廷便任命给事中、参知政事程戡为户部侍郎、枢密副使，李焘在《续资治通鉴长编》中点明任命的原因："因程戡与文彦博是姻家的缘故。"因此，文彦博作为包拯的世交，其对包拯的仕途起到的作用，也是可以大致推测出来的。有的戏曲里说包拯有个大靠山皇太后，实际上并不符合史实。又有的戏曲里虚构了一个宰相王延龄，处处支持包拯，其原型或许就是文彦博。

嘉祐三年（1058）六月，朝廷进行了一次大型的人事变动。

其中，文彦博被罢为河阳三城节度使、同平章事、判河南府，而包拯升任右谏议大夫、权御史中丞、兼理检使。这是自天圣五年（1027）文彦博与包拯同中进士第一次分别后，两人的第二次分别，同时也是最后一次。可以想象，世交离朝外任，两人好好地道别自是少不了的。可不承想，这一别，竟是永别。四年后，即嘉祐七年（1062），包拯便与世长辞了，享年六十四岁。到了哲宗元祐三年（1088）十月二十七日，已是八十多岁高龄的文彦博上奏推荐包拯的儿子包绶，即收录在他的《文潞公集》里的《举包绶》一文。文彦博在奏章里说："故枢密副使包拯，身备忠孝，秉节清劲，直道立朝，中外严惮。先皇帝因为他德望之重，因此擢拔为辅臣，还没能完全施展才干，不久后就与世长逝。"可以看到，文彦博对包拯未能完全施展才干便猝然长逝感到悲哀，对昔日世交充满了无限怀念之情。又说包绶："能世其家，恬静自守，不汲汲于上进，士大夫们都十分赞赏他。"文彦博盛赞包绶德性，并希望朝廷能够奖擢包绶，"以旌名臣之后"。于是，朝廷任命包绶为少府监丞。此时距包拯逝世，已过去二十六年。包绶，字君航，包拯病故时，他年方五岁。宋仁宗去包拯家吊唁，看到包拯的儿子还这么小，惨怆良久，于是赐包绶将仕郎、守太常寺太祝的官衔，以不绝功臣之世为念。至文彦博上《举包绶》，包绶已是三十一岁了。

元末明初小说家罗贯中，以文彦博平定王则的故事为背景，创作了二十回本的长篇小说《平妖传》，后来冯梦龙又改为四十回本。历史上文彦博平王则那年，包拯正任陕西转运使，与此事没有瓜葛。但两种《平妖传》都写包拯时任开封府尹，与文彦博关系密切，有一本还说是包拯推荐文彦博当领兵元帅。把十年后的官位，拉到十年前的事件中去，是小说家常用的虚构手法，但是把包拯与文彦博在文学作品里拉在一起，既是首创，也是唯一的。在这一点上，小说与历史却是非常巧合，令人想到宋、元之间，也许有着包、文两家的故事流传。此亦更可见包、文两家的亲密关系。

1973 年，安徽省博物馆对包拯家族墓群进行抢救性发掘，出土了包拯及其夫人董氏、长媳崔氏、次子包绶、次媳文氏、长孙包永年六人墓志。墓志的出土，为我们提供了有关包、文两家的在传世文献中不曾提及的信息。据学者对这几方墓志的研究，可以断定包、文两家是儿女亲家关系。观察包拯墓志，我们可以发现里面有两个姓文的人——文勋和文劾。包拯墓志盖的十六个篆字，是文勋写的，落款是"甥将仕郎守温州瑞安县令文勋篆盖"。墓志写明包拯的小女儿嫁给了国子监主簿文劾。包拯去世时，可能由于包绶仍年幼，不能料理包拯后事，所以朝廷任文劾为庐州保信军节度推官，护送包拯灵柩由开封返回庐州，并于次年，即嘉祐八年（1063）八月初四日安葬。包夫人董氏逝世于熙宁元年（1068），比包拯去世晚六年。其墓志里面亦提及了文勋和文劾二人。董氏的墓志盖也是文勋撰写的，落款为"外生、将仕郎、守海州怀仁县令"。此处"外生"与包拯墓志中的"甥"，称谓相同。但此时尚不能明确文勋、文劾与文彦博的关系。

崔氏的墓志盖仍是文勋的篆字，书写人为文及甫，落款是"朝奉郎、充集贤殿修撰、权管勾西京留司、御史台、骑都尉、赐紫金鱼袋文及甫书"。文彦博一共有八个儿子，文及甫是其第六个儿子，《宋史》将其事迹作为附传附在《文彦博传》后面。包绶墓志里有"再娶故相太师潞国公之女文氏"之语，而所谓"故相太师潞国公"是文彦博的最高官衔，故此方墓志表明，包绶是文彦博的女婿。包绶夫人文氏墓志更是直接点明了包、文两家的交往过程与亲密关系，兹不烦引述，让诸位读者得以一览其中内容，感受包、文两家关系之紧密："蓬莱县君文氏，世为河东汾州人，河东节度使守太师潞国公讳彦博之季女，今朝奉郎包公名绶之夫人也。天圣初，夫人王父、赠尚书令兼中书令讳洎，与朝奉公王父、赠太保讳令仪，同官阁中，时潞国公与皇舅枢密副使孝肃公讳拯、方业进士，相友甚厚。未几，同登天圣五年甲科。逮嘉祐间，继以才猷，直至参知政事，而包氏、文氏仕契亦再世矣。尝愿相与姻缔，故以夫人归焉。"这段文字把包、文两家三代由交往到联姻的过程说得清清楚楚，可以看到，包令仪、文洎的官衔是因包拯、文彦博显贵后追封的，他们生前官位并不高，包令仪只是七品的虞部员外郎。有研究从"尝愿相与姻缔"之语分析，认定文效是文彦博的儿子，文氏许给包绶，是文彦博履行自己的诺言，对包拯的回报。

有研究发现，文勋善画山水，工书法，篆书尤负盛名，苏轼、黄庭坚、米芾、李之仪对他都有很高的评价。《米海岳书史》写到："文勋，字安国，官至太府寺丞。善山水，画西方变相，其作方界，略不抒思，善论难剧谈，篆字用笔，意在隶前，得汲冢、鲁壁、周鼓、泰山之妙。"包拯去世，他以县令的身份给执政大臣篆写墓志盖，没有亲戚关系和篆书特长是不容易做到的。他篆写包拯、包夫人、崔氏三个人的墓志盖，时间跨度达三十八年之久，这是只有近亲才可能做得到的。宋代起名，兄弟间喜用同一偏旁部首的字，如"苏轼、苏辙""宋郊、宋祁"，而文效、文勋，均从"力"字，所以他们可能也是文彦博的儿子。此外，宋代还有认义子的习俗，文彦博在益州时，就曾认以画竹著称的文与可为义子。文彦博是政治世家，文勋虽然从政，但终以书画见长，因此也有可能是文彦博的义子。

通过对包拯家族墓群墓志铭的研究，可见包、文两家关系之亲近。如前所述，文彦博曾给姻亲升官，因此那篇《举包绶》的上奏，很可能说明此时包绶也已是文彦博的女婿了，故才于此时上奏请求朝廷授予包绶官职。

三、战友吴奎

要说包拯的好战友，当然非吴奎莫属。吴奎（1011—1068），字长文，潍州北海（今山东省潍坊市潍城区）人，少时聪颖，博学多识，博闻强识，记忆力十分好。天圣五年（1027），吴奎年仅十七岁以五经科中第，亦是与包拯、文彦博有同年进士之谊。初授施州清江县主簿，"许其归养亲"，未赴任，二十岁始任福州古田县主簿，后升大理丞，再迁殿中丞。皇祐元年（1049），中贤良方正直言极谏科，考入第四等，授太常博士、陈州通判。后历任知谏院、密州知州、两浙转运使、翰林学士、权知开封府、左谏议大夫、枢密副使，拜参知政事。熙宁元年（1068），吴奎由于对王安石新法表示异议，因此被朝廷外调知青州，兼京东东路安抚使，不久后就去世了，赠兵部尚书，谥曰"文肃"。有

《吴公墓志铭》，载刘攽《彭城集》。

吴奎与北宋名臣包拯私交甚笃，二人同年中第，又经历相近，即中进士后都曾因为要侍养至亲而辞官不赴。吴奎复仕后先是出任福州古田县主簿，后升至大理丞，负责监管京东排岸司。宋初在开封设置京东、京西、京南、京北四个排岸司，其中，东司掌管经汴河运到京师的船粮。仁宗庆历八年（1048）闰正月的一个晚上，崇政殿亲从官颜秀、郭逵、王胜与孙利四人阴谋作乱，袭杀军校，劫获兵器，登上延和殿，进入皇禁中烧杀。之后宿卫兵赶到，杀死颜秀、郭逵和孙利三人。王胜逃跑躲藏到宫城北楼中，后被宿卫兵发现，被捕后马上被杀，于是四人作乱的动机就成了谜团。

几天后，仁宗对负责皇城安全的六位官员进行降职处置：降勾当皇城司、建宁军留后杨景宗为徐州观察使、知济州；皇城使、康州刺史、入内副都知邓保吉落副都知，为颍州钤辖；左藏库副使、通州团练使、入内副都知杨怀敏为文思使、贺州刺史；北作坊使、廉州团练使刘永年为洛苑使、英州刺史、蔡州都监；洛苑使、眉州防御使赵从约领陵州团练使，为濮州都监；供备库使、荣州刺史、带御器械王从善落带御器械，为曹州都监。而实际上，负责皇城安全的还有杨怀敏，但由于枢密使夏竦的庇护，仁宗没有对他作出处分。

针对这次事件，吴奎上疏指出，这次卫士的变乱，发生在堪称肘腋的皇城，消息传到全国各地，举国震惊，而皇城司官一共六人，除了杨怀敏以外都受到了处罚。吴奎认为，皇帝曾传令捉到作乱之人后勿杀，但作乱之人仍旧被杀，这必是其党羽想要灭口。吴奎的分析合乎情理，仁宗也开始留意到这个人才。不久后，吴奎迁任殿中丞，后于皇祐元年（1049）举贤良方正直言极谏科，考入第四等，授任太常博士、陈州通判。

皇祐二年（1050）春，包拯被擢为天章阁待制、知谏院。吴奎也大概在这个时候被召回中央任右司谏。吴奎与包拯同任谏官，多次联名上疏，尤其是在弹劾张尧佐诸人上，两人志同道合，据理力争。在以下讲到的几个弹劾权贵的例子里，我们可以很清楚地看到，包拯和吴奎是怎样步伐一致，对权贵们进行弹劾的。

皇祐二年（1050）六月，包拯与吴奎等人上疏弹劾张尧佐。如前所述，这是包拯对张尧佐发起的第一次进攻，吴奎亦参与其中。这份奏章以当时频繁的天灾切入，批评张尧佐才不配位，请求罢免他的三司使之职。包拯在《请选内外计臣》中说："臣包拯近来认为国库空虚窘乏，主计的官吏，中央是三司使，地方是转运使，臣乞求皇帝对这些官员，精加选擢，委托有才能的人，这样方能避免将来事情败坏。并且吴奎、陈旭等臣已经多次谈及此事，但是依然未能施行。臣认为张尧佐是靠后宫才上位的，才不配位。"这份奏章的主旨虽然不是弹劾张尧佐，但明显也是冲着张尧佐去的。包拯在奏章中谈到了吴奎、陈旭等人已经多次上疏论及此事，可见，当时谏院的行动都是有节奏、有配合的，前面是一起上疏弹劾张尧佐，这里则是上疏议论拔擢中央和地方掌管财政官员的事情。

皇祐二年（1050）十月，右司谏吴奎改起居舍人，同知谏院。谏官在弹劾议事的时候，不会只盯着一个目标一直咬着不放，而是会根据实际情况，该弹劾谁就弹劾谁。张尧佐还没被弹劾成功，包拯与战友吴奎便把枪口对向了王逵。为了弹劾王逵，包拯上了多份奏章。那么，王逵遭到弹劾，是怎么一回事呢？

皇祐二年（1050）十一月，徙知徐州、工部郎中王逵为淮南转运使。包拯在弹劾王逵的一份奏章里说："臣伏闻就差知徐州王逵充淮南转运使，中外闻之，无不骇愕。按王逵累任荆湖南北路、江南西路转运使，并以所为惨虐，黜降差遣。"意思是说，包拯等人听闻知徐州王逵任淮南转运使，都表示很惊愕，此前王逵历任荆湖南北路转运使、江南西路转运使，就因为为政苛虐，所以被降黜。"中外闻之，无不骇愕"，此前在弹劾张尧佐的奏章中也用了类似的说法，这大概已经变成了弹劾奏章的一句官话了。

包拯在弹劾王逵的另一份奏章里谈道："臣包拯近来与陈旭、吴奎多达六次上疏，认为王逵新授封为淮南转运使并不妥，应另外改授别的藩郡，至今依然没有被陛下采纳。执政大臣，应当为国家推举贤能的有才之士，罢退施政严苛暴虐的人，这样才能整肃朝纲，为将来的事业铺路。如今陛下不听从臣等上言，执意任用酷吏，对于一个王逵来说那当然是得到宠幸了，但对于一路的百姓来说，那是多么不幸啊！"这份奏章里提到吴奎等人亦上奏弹劾了，到包拯上这份奏章时，已经一共有六份弹劾王逵的奏章。包拯甚至还提到了执政大臣给国家推荐人才应该以才能作为标准，此时的执政大臣，文彦博列在其中。当然，并不是说提到了执政大臣，就是在向宰执攻击，这对文彦博等宰臣来说，亦是一种提醒或者暗示，何况当时的宰臣不止文彦博一人。

此次弹劾王逵事件的性质以及严重程度，远远不能和之后唐介弹劾文彦博时相比。所以在这次弹劾王逵的事件中包拯会触及执政大臣，但是在后来唐介弹劾文彦博的事情中，包拯就不能出手了，因为这会直接让世交文彦博处于不利的地步。包拯还有一份弹劾王逵的奏章说："臣包拯又与陈旭、吴奎相继五次上疏。"包拯与吴奎的密切配合，可见一斑。

皇祐二年（1050）闰十一月六日，朝廷授任张尧佐宣徽使、淮康军节度使、景灵宫使。七日，又加同群牧制置使，这就是躁动一时的张尧佐除四使事件。关于这一次事件的来龙去脉，前面讲张尧佐时已经有所叙述，这里便不再重复。弹劾张尧佐，包拯亦上了许多奏章，在其中一封奏章里面他写到"臣等累次论列"，虽然没有具体列出名字，但结合前面讲述的包拯与吴奎、陈旭多次一起上奏的事例来看，这里的"等"字，应该也包含了吴奎。

闰十一月十五日这一天，在上朝结束后，王举正让百官留下一起当廷谏净，又率领殿中侍御史张择行、唐介以及谏官包拯、吴奎在皇上面前据理力争，甚至指责宰相。切责宰相，和弹劾王逵时一样，在涉及用人问题的时候，台谏官们是会要让宰相们也来承担部分责任的，这自不待言。而且，虽说提及宰相要进贤，但实际上多数是指桑骂槐，这些有违物议的人事任命，也必定是皇帝的意思，宰臣只是奉旨而已。到了十六日，宋仁宗也终于妥协，削夺张尧佐宣徽使、景灵宫使二使，群臣的坚持取得了一定的成效。

皇祐三年（1051）三月，包拯与吴奎、陈旭上言弹劾宰相宋庠，朝廷罢宋庠为刑部尚书、观文殿学士、知河南府，这亦是轰动一时的宋庠罢相事件。此前的王逵、张尧佐，其官职的分量都比不上此次的宋庠。宋庠是开封府雍丘县人（今河南省开封市杞县），宋祁的哥哥，宋祁则是和欧阳修一起修撰《新唐书》的那位人物。宋庠在宋仁宗天圣二年（1024）状元及第，此前在乡试、会试亦是第一名，所以是连中三元，声名闻于一时，是不得了的新星，最后当上了宰相，现在却成了包拯等人的弹劾对象。

　　宋庠听闻有弹劾他的奏章，就自己上表主动请求罢退，但未等答复，又再操办宰相的事务。包拯在奏疏里说："臣包拯等今日听闻中书传谕宋庠自辩以及请求辞退等事情。臣等此前于二月二十日，上札子论及宋庠自再次担任宰相七年以来，对朝政丝毫没有建树。这七年来，宋庠只是拿着官俸却无所作为，简直是尸位素餐，晏然自处却得意洋洋，自以为是。这些不足尚且不说，在他上书请求解任的时候，皇帝陛下下诏并没有对此事做出决断，但宋庠却从容停下了他请求解任的诉求，这足以看到宋庠为了巩固其权位无耻到了这样极致的地步。执政大臣代表了国家威严，宋庠如此不能尽心竭节，堂堂正正做人，这是他的过错，理宜罢黜。"于是，皇帝便把宋庠罢免为刑部尚书、观文殿学士、知河南府。

　　这是包拯和他的战友吴奎等人弹劾成功的人物里，官职最高的一个人了。由此观之，在此前弹劾王逵、张尧佐等人的时候，包拯、吴奎等人所说的一些指责执政大臣的言辞，并非针对文彦博个人，除了文彦博，还有好几位宰相，并且每个人能力不一，水平参差不齐，之前的切责，是将宰相作为一个整体来进行的。

　　随后，吴奎与包拯都上疏论百官到了七十岁仍然不致仕的问题。李焘《续资治通鉴长编》记载了吴奎的上奏。皇祐三年（1051）四月甲申，吴奎上言说，七十岁致仕，是《礼经》里面的记载，近日句希仲、陆轸等人，年纪都很大了，朝廷还特地安排职务给他们。吴奎乞求皇帝按照此前他所上奏的内容来推行政策。包拯也上疏引用《礼经》说七十致仕是经义所在，然后还恳请皇帝让御史台对照官籍，暗示年满七十的老臣上表恳请退休。如有老臣没有上表恳请退休，则由朝廷直接下命令让其退休。《续资治通鉴长编》说道："吴奎和包拯都上疏议论官员年龄到了七十却不退休的问题，并命令御史台定时查案官籍来逐一让达到条件的官员退休。"可以看到，包拯、吴奎不仅同样以《礼经》来述说七十致仕的大义，还提出了大约相当的举措来遏止这种行为。

　　皇祐三年（1051）八月，仁宗又任命淮康节度使、同群牧处置使张尧佐为宣徽使、判河阳，台谏官王举正、包拯等人又多次上疏反对但无效果。包拯在一封奏疏中说到，上一年冬天就已经为此事而多次力争，幸好皇帝能够虚怀若谷，虚心纳谏，才能最后削夺张尧佐二使。今又重新宣布之前的任命，包拯他们就马上乞求收回成命，是为了保全朝廷的大体。观包拯所言，颇有一番前功尽弃之感。包拯另一封上言中提到，"知谏院包拯、陈旭、吴奎等所上札子奏称：臣等听闻张尧佐再次除授宣徽南院使，制令没颁下多久，即亦遭到诸多非议"。可见，在张尧佐的第二次任使之争中，吴奎依旧坚定地和包拯站在同一战线，并一起对张尧佐进行弹劾，对其任命表示反对，但效果甚微，没有取得跟上一年第一次弹劾张尧佐类似的成果，并为此后唐介更激进的弹劾埋下了伏笔。

当时皇祐这几年自然灾害比较频繁，所以包拯在皇祐二年（1050）第一次弹劾张尧佐的时候才会以水灾、地震的角度切入。大概在皇祐三年（1051），吴奎也借自然灾害频发来上疏批评时政。他指出：这个冬春季节反常，不仅有旱涝灾害，还有饥荒，这说明天道不顺；而各种地震、洪水则说明地道也不顺；奸邪之人当政，西北强敌横行，这说明人事不和。吴奎认为，这是皇帝不能近贤臣、远小人而导致的，是由于皇帝的命令有名无实。吴奎说："谨守前诏，坚如金石"，可见他亦是一个刚正不阿的人物，也难怪包拯会将其引为亲密战友，两人性情甚是契合。

皇祐三年（1051）十月，包拯、吴奎等上疏弹劾李淑，奏疏说李淑这个人奸诈狡猾，曾经上表请求辞官侍养父亲，却没有想要侍养母亲。朝廷既准许他回乡侍养至亲，他却又马上再次出仕做官，所以李淑这个人有为自己谋利益的心思，却没有侍奉至亲的实事。奏疏还说，李淑还曾经写过《周三陵》这首诗，语言用词颇有怨气，说了一些不合时宜的话。包拯还另有一封弹劾李淑的奏疏，这一封奏疏主要补充了弹劾李淑的起因是包拯等人听说了对李淑的任命，觉得很是不妥，认为李淑以前有很多不好的前科，现在刚服丧期满，就又被任命为翰林学士等学士之职，位处禁林重任，因此包拯等谏官反对这次任命，故上奏疏弹劾李淑，弹劾的结果是罢免了李淑的翰林学士之职。

皇祐三年（1051）十月，众台谏官在第二次集体弹劾张尧佐失败后，唐介将弹劾的矛头指向了文彦博。他用文彦博知益州时送蜀锦给张贵妃的事情来弹劾他，并要求文彦博对张尧佐的任命负责。宋仁宗本来只是由于厌倦了大臣们的频繁上言而将锅甩给了中书，没想到牵涉出文彦博结交张贵妃的事情，于是便连忙找来中书、枢密二府前来议事。最后的结果是两个当事人唐介和文彦博皆遭贬官，殿中侍御史里行唐介责授春州别驾，礼部尚书、平章事文彦博罢为吏部尚书、观文殿大学士、知许州。由于唐介在弹劾文彦博的奏疏中提到文彦博专权，任人以私，吴奎、包拯与文彦博有私交，于是，起居舍人、知谏院吴奎受到牵连，亦被外调知密州（今属山东省诸城市）。作为谏院领导的包拯见吴奎被调出，削弱了谏院的力量，便上疏《请留吴奎依旧供职》，说："臣包拯听闻陛下降敕差起居舍人吴奎知密州。唐介弹奏执政大臣，事情牵连到吴奎。唐介所说的简直是一派胡言，如此轻妄的言论，让陛下天听遭到了蒙蔽，臣希望陛下能够明察秋毫，并乞求陛下能开皇恩，让吴奎官复旧职。"从包拯没有反驳唐介弹劾文彦博而是只提及吴奎来看，应当是默认唐介对文彦博的弹劾是成立的。

包拯没有参与对文彦博的弹劾，这说明他还是有私心，不想弹劾故人。如前所述，在弹劾王逵、张尧佐时，他们虽然有切责宰相的言辞，但也只是一种指桑骂槐的意思而已，实际上并不是针对宰相。但这次唐介弹劾文彦博则不一样，虽然说张尧佐的任命是导火索，但矛头所指，已不是张尧佐的任命了，而是直接将枪口对准文彦博，而这是包拯所不愿意的。当然，吴奎也一样，他们三人皆有同年进士之谊。包拯还在奏疏中说："臣包拯并非为了私心而挽留吴奎，臣所看重的是朝廷事体。臣不想让奸邪的人得逞，倘若让他们得逞了，那么就是臣失职了。"宋仁宗没有采纳其建议，包拯又连续七次上疏"求外任"，有与吴奎共进退的意味。

吴奎出知密州后不久，便又加直集贤院，徙两浙转运使。后又召回中央，判登闻检院、同修起居注、知制诰。至和元年（1054）八月，起居舍人、直集贤院、同修起居注吴奎被任命为契丹国母生辰使，礼宾副使、知镇戎军郭逵当吴奎的副手，奉诏出使辽国。恰逢辽国群臣要为他们的皇帝加尊号，辽国帝邀请吴奎等人入贺。吴奎以使者各有其职为由拒绝了邀请，当时吴奎的身份是契丹国母生辰使，职在贺辽国国母生辰。在归国途中，吴奎碰到了辽国使者。辽国人以金制冠帽为重，纱制冠帽为次。当时辽国使者正戴着纱制官帽，按照以往惯例，两国使者相见，穿着须同等档次，因此辽国使者要求吴奎也换上纱制官帽，以合往常的惯例，表示两国对等。吴奎是何等刚直之人，纱制官帽既然在辽国人眼里是表示次一等的，那么他怎么可能会甘受这种次一等的礼节？于是吴奎拒绝了，他不干。回到朝廷后，仁宗便以这两件事有失礼节、有损大国脸面为由，于至和二年（1055）四月，将吴奎贬到寿州（今安徽省六安市寿县）当知州。吴奎毕竟是个不可多得的既刚直又有能力的人才，不久朝廷又将其召回中央，授同判吏部流内铨、知审官院、同知通进银台司、兼门下封驳事。吴奎与包拯同一年考中进士，之后又同样因为要侍养双亲而辞官不赴，两人又是同样的性情，又同样出使过辽国，冥冥之中，岂非天意？

至和三年（1056），发生大水灾，仁宗下诏上言得失。吴奎借这次水灾，趁机上言劝宋仁宗立嗣，以免耽误大事。仁宗觉得吴奎得理，于是授他为翰林学士，权知开封府。包拯知开封府时铁面无私，于是成就了千古的包公之名。吴奎虽不如包拯有名，但他的性情与包拯相近，不难想象，当他担任权知开封府时，又是如何的刚正。《宋史》称吴奎治理开封府"居三月，治声赫然"，是说他仅仅用了三个月，便把开封府治理得井然有序。此后朝廷便任吴奎为端明殿学士、知成都府，吴奎以至亲年老辛苦为由推辞了，大概是由于成都附近地形复杂，进出不易，若家有急事，不能马上应对。于是，朝廷改任吴奎为知郓州（今属山东省菏泽市郓城县）。吴奎是潍州北海人，两地皆在今山东省境内，显然此任命是为了方便吴奎回乡探亲以尽孝道。

嘉祐七年（1062）三月，吴奎被召还中央，仁宗授任吴奎为左谏议大夫、枢密副使。五月，包拯病故，有一位曾批评过包拯的重臣主动请求为包拯撰写墓志铭，包拯之妻董氏以为此人“文不足罔公而惑后世”，因而回应说墓志铭“已诿吴奎矣”。吴奎作为包拯的同僚与密友，自然是撰写包拯墓志铭的最佳人选。吴奎撰写的《孝肃包公墓志铭》评价包拯：“宋有劲正之臣，曰包公……其声烈表爆天下人之耳目，虽外夷亦服其重名。”由吴奎撰写的包拯墓志铭，石质，一合两块。志盖长123厘米，宽122厘米，厚13厘米。四周盖顶斜坡，中部平整，阴刻4行篆书“宋枢密副使赠礼部尚书孝肃包公墓铭”16字。志石近正方形，长126厘米，宽125厘米，厚14厘米，刻文51行，每行59~63字不等，志文楷书，全文约3200字，较《宋史·包拯传》为详。墓志除叙述包拯生平事迹外，还记录了他的世系、病丧、葬于合肥县公城乡公城里（今属安徽省合肥市大兴集）及其子嗣们的有关情况，为我们研究北宋名臣包拯及其家族提供了珍贵的实物资料。该墓志1973年出土于合肥东郊大兴集双圩大队黄泥坎生产队东北部的北宋包氏家族墓群。该墓志出土时碎为5块，并有明显的打击痕，部分文字漫漶磨灭，已经辨认不清。1979年7月被定为三级藏品，1994年国家文物委员会专家鉴定组鉴定为一级文物，现藏于安徽省博物院。

英宗治平年间，因父亲去世，吴奎丁忧回乡，在父亲墓旁建造房舍居住其中以守孝道。治平四年（1067）正月，英宗驾崩，神宗即位。二月，吴奎服丧期满，回到朝廷担任原来的职位，复为枢密副使。三月，神宗任吴奎为参知政事。吴奎对神宗说王安石"护前自用，所为迂阔；万一用之，必紊乱纲纪"，显然是不认可王安石的为人，与王安石持有异见。御史中丞王陶诋毁韩琦，吴奎上疏说王陶言过其实。神宗想任命王陶为翰林学士，吴奎表示反对，于是王陶上疏批评吴奎阿附。后来，王陶被贬出京城，同时吴奎改任资政殿大学士、知青州（今属山东省青州市）事、兼京东东路安抚使。司马光因此事而劝谏神宗说道："奎名望清重，今为陶绌奎，恐大臣皆不自安，各求引去。"意思是说，吴奎作为三朝老臣，德高望重，如今被区区一个王陶所黜，恐怕会让各位大臣心不自安，促使他们请求调离中央，这样不利于神宗巩固统治。于是才过了两日，神宗便将吴奎召回中书，挽留下来。到了九月的时候，因吴奎生病，于是便执行此前对吴奎知青州事的任命。吴奎到了青州十天左右，病情加重，于是上疏请求转任知兖州（今山东省济宁市兖州区），神宗不同意吴奎的申请。熙宁元年（1068）七月，吴奎病死在任上，享年五十八岁，谥为"文肃"。

纵观吴奎一生，其性情、前期经历与包拯相似，亦是富有胆识、刚正不屈、不惮权贵，其后期人生却又比包拯更为丰富、曲折。宋仁宗时期，吴奎经常劝谏皇帝要远离佞臣，做贤明君主。有位御史上疏论事，因得自风闻，仁宗怪罪，质问他从何处听来。吴奎因此谏曰："按法，臣子是可以上奏自己从别处听来的事情的，如果圣上一定要查那个说者的名字，那么以后谁还敢上疏言事呢？这不等于把耳朵眼睛蒙上，成了聋子瞎子吗？"宋仁宗听了才不予追究。吴奎通达事理，应事敏捷，为官所至，吏不敢欺，豪猾畏敛，与包拯颇有相似之处。史书记载，其任知开封府时，有一个姓孙的人靠放高利贷成为巨富，欠他利息的人甚至要用自己的财产和家中妇女来抵偿，吴奎将其治罪并发配边远之地，又徙其兄弟于淮闽，为地方铲除一害。也正因为这样的治理，才能使吴奎过了三月便"治声赫然"。

吴奎博闻强记，曾任小吏二十余年，白天处理政务，夜晚读书不辍，六经诸子史集无不精通，其文章被当时的大家称赞，与梅尧臣、欧阳修、王安石、苏轼等皆有交往，诗文入选《全宋诗》《全宋文》。北宋著名诗人梅尧臣的《还吴长文舍人诗卷》称赞他："今者逢吴侯，满腹贮经籍。喷吐五色霓，自堪垂典册。"

吴奎喜欢奖掖清廉刚正之人。这种人一旦被吴奎知道，他就会极力举荐，如果不被采纳，他也不会放弃。嘉祐六年（1061），吴奎担任秘阁试论考官，慧眼识才，取中苏轼、苏辙兄弟，苏轼后来作有《上吴内翰书》《贺吴副枢启》等。吴奎少时家甚贫，为官钱财宽裕后，在家乡买田设义庄，周济族党乡民，逝后家无余资。《宋史》评价他"博学清重，君子人也"。宋代名臣韩琦的《祭资政吴长文文》亦称赞他："历代已往，如公几人？万世在后，公名永存。"

吴奎因唐介弹劾文彦博而受到牵连，丢掉了谏官之职，被贬到密州这个地方任官。但他并不因此垂头丧气，反而尽心尽力将他应尽的职责做好，在当地留下了好名声。皇祐三年（1051）十月吴奎出知密州，次年以起居舍人、直集贤院，仍知密州。北宋时期，诸城县治为密州州治，境内农业发达、物产丰富、商贸繁荣，朝廷对密州的治理也较为重视。按照北宋地方官员任职惯例，一任三年，吴奎在皇祐六年（1054）离任密州，改任两浙转运使。清乾隆《诸城县志》存有吴奎撰写的《重修常山神祠记》一文。常山神祠位于诸城南 20 里，是祈雨祭神的场所，因祈雨常常应验而得名。皇祐四年（1052）春夏，密州干旱无雨，吴奎甚为担忧，携密州衙署官员前往祈雨，三日内甘霖大作，密州士民欣喜若狂。吴奎感于常山神祠灵验，撰写了《重修常山神祠记》并立碑纪念。离任二十年后，苏轼任密州知州，遵循当地民风习俗，多次率属僚百姓赴常山祈雨，接连得到应验，心中大喜，于是又重修常山神祠。

诸城原有吴太尉墓，有人以为即为吴奎墓。乾隆《诸城县志》载："前密州节度使吴太尉神道碑，碑仆地无一字，仅额有此十二字，字经三寸，正书，作三行。"但据北宋刘攽所撰的《吴奎墓志铭》记载，吴奎卒后随父葬于郓州东阿。吴奎后裔诗书传家，多有成就。其长子吴璟，有父风，官大理评事。次子吴璵，官秘书省校书郎。三子吴琼，历任光禄丞、隰州通判，调知鄞州，拜朝请大夫。

刘筠、文彦博、吴奎是包拯一生中极为重要的三位人物，其性情如此，其行事如此，其与包拯之交情如此。接下来，让我们把目光转回到包拯身上，读者诸君与我一同前来，一起目睹包拯身上的廉吏风仪。

第五章

廉吏风仪

　　自古以来，做官是读书人最普遍、最渴望的理想与追求，直至今天，"学而优则仕"仍然是相当一部分人读书、求学的指导性原则。一部分人做官是为了获得特权与名利，将做官视为大敛横财、发家致富的重要手段，吴敬梓在《儒林外史》中说"三年清知府，十万雪花银"，极大地讽刺了历史上的贪官。面对做官带来的种种利益诱惑，不知有多少人都拜倒在名利的"石榴裙"下，放纵私欲，黑心贪黩，留下千古骂名。但是在名利当头的官场上，始终也有这样一群人，他们为民请命、建设国家，成为历史上受人赞誉的廉吏。廉吏，即清廉守正的官吏，"廉者，民之表也；贪者，民之贼也"。意思是说：廉洁的官吏，是人民的表率；贪婪的官吏，是人民的祸害。

历史上的廉吏有很多，譬如春秋战国时期的西门豹，他在治理邺县时，穿着常服询问百姓疾苦，治理河患，不敛收百姓一分一毫，促进了当地农业的生产与发展。再如唐朝的狄仁杰，他秉持"圣人无常心，以百姓心为心"的初心，为民申冤，关怀百姓。更有北宋时期的包拯，断案时足智果敢，弹劾权贵时刚直不阿，为政时清正廉洁、严于律己，知端州时还写下一首言志诗表明自己清廉正直的决心。在家风塑造上，他更是严以治家，立下家训，当世即受到宋仁宗与朝臣的极力赞颂。在后世，经过笔记小说、宋元话本、戏剧、明清公案的传布与演绎，包拯已然成为"廉吏"的符号与名片，甚至一度带有神话色彩。但是他不畏权贵断案公正的刚介，为官数载两袖清风的廉洁却是无人可争的事实，包拯的"廉吏风仪"历经千百年，至今仍然传颂不绝、馨香百代。

一、刚介清廉

包拯为人刚直，敢于忠言直谏，从不趋炎附势，是北宋的一位劲直之臣，他一生坚守"大奸必摧"的原则。谈及包拯，人们的第一印象就是他断案铁面无私，为人为官刚介清廉。有这样两句口耳相传的话："人以包拯笑比黄河清"，"关节不到，有阎罗包老"。意思是说包拯平时表情严肃，想看见包拯的笑容就如同看见黄河水清一样困难；在为官断案时，包拯执法严明，从不徇私枉法，绝不收受贿赂。对于包拯的清廉之风，不少诗人作诗赞颂，如清人唐孙华前往合肥拜谒包公祠，有七言律诗一首，其中两句"高原遗庙郁嵯峨，待制清风久不磨"讴歌了包拯的清廉正气。

在历史叙事中，对包拯的记载不胜枚举。《宋史·包拯传》是这样评价的："包拯为人正直，性情敦厚，嫉恶扬善，从不苟合于人，也不以辞色假于人，性格严毅，平生不作私书，不接受私下的请托，即便是亲朋好友，也全都拒绝。后来身居高位，吃穿用度亦一如清贫之时，从不行奢靡之风。"《五朝名臣言行录》更是夸赞包拯刚正、廉洁的品格，认为他立朝刚毅，一身正气。《邵氏闻见录》记载，司马光和王安石同为郡牧时，包拯担任判官，当时社会风气都是相当清严的。

还有一些方志碑刻与文人笔记中也记载了包拯的生平事迹。吴奎的《孝肃包公墓志铭》记载："竭力于亲，尽瘁于君。峻节高志，凌乎青云。人或曲随，我直其为。人或善容，我抗其词。
自始至终，言行必一。"称赞了包拯孝亲、忠君、刚直的美好品
德。曾巩曾著有《孝肃包公传》，极力表彰包孝肃的正直气节。
宋代还有很多书籍零散地记载了包拯的很多事迹，如《仕学规
范》《棠阴比事》《松阳抄存》等。

在自我叙事中，包拯留下的资料不多，仅有《包孝肃公奏
议》176篇。奏议是注重社会功能的文体，是中国古代国家治理
过程中臣子与帝王沟通的桥梁。包拯《奏议》中所奏内容包括政
治、经济、军事、法制、吏治等诸方面，不仅是包拯仕宦生涯的
记录，更是包拯政治思想的体现。

包拯本人在为官时上呈的大量奏议，是对当时宋朝社会、政
治、经济等发展的评论与建议，具有非常珍贵的史料价值，体现
了包拯的为官准则。杨国宜的《包拯集校注》比较全面地搜集了
包拯的奏议，并加以校注，可以说是目前为止最全的包拯文集资
料汇编。《文心雕龙》初步总结了奏议类文体，将奏议分为章、
表、奏、议、上书、上疏、启、弹事、笺记、封事、对策。以上
这些书籍对我们更好地理解包拯奏议、了解包拯其人其事，具有
很大的辅助作用。

包拯深受儒家思想的影响，他十分关心百姓疾苦，在他的奏

议中，一大半都反映了他的民生思想。在给仁宗的奏疏中包拯说道："民者，国之本也。财用所出，安危所系。"他认为，民众不仅是国家的物资供应者，也是王朝稳定发展的重要基石。"廉者，民之表也；贪者，民之贼也。"这是包拯给仁宗的奏疏《乞不用赃吏》中的一句话，既是包拯对选用官吏的评判标准，更是其对自身清廉为官的严格约束和真情表达。他关心吏治，先后奏上《论取士》《请选广南知州》等疏，指出当时取士用人多不实，而那些通过权势和关系进来的人都以做县官为耻。

包拯在《论县令轻授》中说："县令是老百姓的父母官，与百姓关系最为密切，但县令一职却不被重视，甚至遭人轻贱。稍有学识或权贵之人，都不甘或耻于担任县令，一味想托关系攀上其他更高的官职，反而让那些学识鄙薄、德行不备之人去当了县令。纵然让一些有才干之人当了县令，他们却很快就被调离或者升迁，那些庸人下品昧于民情，不知治道，根本无法担负起为民父母、振兴风教的职责。"言语之间，沉痛地批判了不良官吏，感叹选派县官时用人不当，充满了对民生、对百姓的关怀。

景祐四年（1037），三十九岁的包拯出知扬州天长县，正式开始了他的仕宦生涯，在地方历任知县、知州，担任过监察官、财政官等。嘉祐七年（1062），六十四岁的包拯在枢密院视事时突然病逝。前文已叙述过包拯为官一生中最有名的事件有：知天长县时巧断割牛舌案；知端州时不取一方端砚；知庐州时将犯罪的亲舅舅绳之以法，不包庇任何违法乱纪的事情；权知开封府时，改革诉讼制度，让受冤屈的百姓能够直接到公堂纳状申冤；等等。包拯因执法刚介、为政清廉受世人赞誉，被人称赞为包公、包青天。

因在地方治理时政绩颇为优异，包拯顺利进入中央为官。在这一时期，包拯的主要工作就是不断地弹劾官员。包拯曾多次弹劾国丈张尧佐，却没有得到仁宗的正面回应，更没有得到自己理想的结果。加上自己的好友吴奎在仕途上也是屡遭不顺，包拯对官场逐渐感到失望而情绪低落，多次请求外任。

皇祐四年（1052），包拯被外任为河北转运使，他在《求外任》中说："我出身于乡村农家，但是很早就开始研读如何做官、如何成为一名好官的书，一直以来，我都非常坚信书中所言，暗自羡慕古人忠于朝廷、忠于百姓的凛然大节，我也希望自己一生都能以此为榜样，谨守身为臣子的本分。"即便对官场感到沮丧和失落，但他心中的志气与关怀百姓的理想并未被消磨，包拯的这段话完全符合儒家思想中对理想臣子的期望。在他几十年的为官生涯中，包拯也是一直用自己的行动践行自己的理念。

庆历三年（1043），以范仲淹为首的一批改革家掀起的"庆历新政"正进行得如火如荼，范仲淹高呼，要改变官员冗滥的状况，改变官员们无所事事的作风，斥退冗员，举贤用能。此举无疑影响了很多既得利益者，反对改革的人厉声斥责范仲淹等人的行为举措，两派闹得不可开交。就是在这样一个历史的关键节点上，四十五岁的包拯因"端砚事件"被仁宗赏识，调至中央，徙任殿中丞，十一月，因王拱辰的推荐，改任监察御史里行。没过多久，又迁监察御史。这是包拯在官场崭露头角的开始，从此，他可以直接参与朝政了。面对守旧派与革新派的激烈争论，包拯突然上了一道奏折，认为新政中派到地方监督地方官员的按察使权力过大，对此提出质疑。包拯此次上奏让保守派暗自窃喜，他们以为包拯弹劾新政的有关举措，是站在他们一方的。

除此之外，包拯还针对国家的内政外交提出过很多批评意见，并建议整顿军队、加强训练，同时还要备好粮草，要做好随时应战的准备，以对抗辽国。仁宗对有些意见表示赞同，认为包拯颇有胆识，于是派包拯代表大宋出使辽国。辽国使节说："你们国家的雄州城最近开了便门，其实就是想引诱我们国家的叛徒，以便刺探我们国家的情报吧？"包拯说："那你们国家的涿州城曾经也开过便门啊，那你们岂不是也想刺探我们的情报？"

见对方一时语塞，包拯接着说："谁说开便门就是为了刺探情报？再说了，若真想刺探边疆的情报，为何一定要开便门呢？这两者有什么逻辑关系吗？"包拯能言善辩，态度刚硬，说话气势逼人，一时间把对方的谈判手驳斥得哑口无言，为北宋朝廷挣回了面子。

在任职监察御史期间，包拯弹劾了许多当朝的贪官权臣。他弹劾陈州京西路转运司，揭露其歪曲中央"折变"政策从而盘剥灾民的罪行。这次弹劾事件，后来被改编为家喻户晓的包公戏《陈州放粮》。

范仲淹主持的新政没过多久，由于反对声实在过于激烈而被废。包拯又上奏请求保留新政中选拔人才的有关内容，这让保守派一时之间摸不着头脑，不知包拯究竟意欲何为。可见包拯峭直的禀性，他从不人云亦云，不喜与人苟合，不拉帮结派也不卷入党争，始终站在对百姓有利的立场。

此后，包拯在朝中的名气越来越大，身为谏官，包拯从不畏惧权贵，他论列时政、弹劾赃吏，言辞多激切忠直。据统计，在他弹劾下被降职、罢官、法办的重要大臣不下30人，有时为了弹劾一个人或者一个案件，他反复上奏，弹劾火力之猛，颇有一种不达目的誓不罢休的气势。

　　包拯直言敢谏，在台谏之位上恪尽职守。他先后弹劾贩卖私盐以牟取暴利的淮南转运按察使张可久，使其被贬为保信节度副使；弹劾役使兵士为自己织造驼毛缎子的汾州（今山西省汾阳市）知州任弁，使其被罚铜十斤，并且被充军发配到三千里之外的边疆；弹劾监守自盗、贪污腐败、胡作非为的仁宗亲信太监阎士良；等等。

　　包拯曾七次弹劾酷吏王逵。王逵，字仲达，开德府濮阳（今河南省濮阳市）人，中进士后仕途屡得升迁，曾数任转运使。他巧立名目，盘剥百姓钱物，是一个名副其实的贪官污吏。王逵担任荆湖南路转运使的时候，残暴凶狠，拼命地压榨和剥削当地百姓。百姓不得已逃亡至深山中，并联合起来反对王逵的暴行。王逵压迫百姓激起民变后，不仅不反思自己的政行，反而派兵捕捉，对百姓滥用酷刑，惨遭其杀害的人不计其数，使得当地民愤滔天。但王逵与宰相陈执中、贾昌朝关系密切，又颇得宋仁宗青睐，故而有恃无恐，继续压榨百姓，大肆招摇。

　　包拯监察到这些情况，立即递了两道奏折弹劾王逵，说："王逵这个人，残暴无比，又爱敛财，他残害百姓，逼得百姓逃进山洞，造成大害，至今都未平息。陛下英明决断，朝廷千万不能用这样的酷吏，会危害国家。"此次上疏，朝廷并不以为然，反而将王逵调任淮南转运使。包拯对这样的处理方式十分愤慨，又上了第三道奏折，弹劾王逵在任江西转运使时，私自关押百姓，造成冤案。不想，朝廷仍不处理王逵，为此，包拯又连续四次上章弹劾，在最后一次弹劾时，更直接指责仁宗说："如今陛下不体恤臣的肺腑之言，固执地非要任用王逵这个酷吏，难道陛下真的忍心让一个地区的百姓，都受到王逵的迫害吗？"其语言激切刚直，当时朝野上下都为此事震动，舆论汹汹，仁宗终于罢免了王逵。

为肃正纲纪，包拯执法严峻，不畏权贵。包拯还先后弹劾过宰相宋庠、舒王赵元祐的女婿郭承祐，"在蜀燕贪饮过度"的宋祁，以及利用职权贱买富民邸舍的张方平。包拯弹劾张方平时，在奏议中直斥说："张方平身居高位，却以官职谋私，用低价私自收购富民住宅，品性如此，实在是不配担任高官。"包拯的弹劾使朝廷罢免了宋祁和张方平的三司使之职。

包拯越弹越牛，甚至将弹劾的矛头对准了皇亲国戚张尧佐。张尧佐，字希元，北宋河南永安（今河南省巩义市）人，他是宋仁宗的贵妃张氏（后来的温成皇后）的伯父。当时，仁宗十分宠爱张氏，对待她的母族一度优容，加官晋爵。

张尧佐起于寒士，宋真宗天禧三年（1019）考中进士。后在张贵妃的助力下，张尧佐从知县很快做到了知州，短短时间内又被任命为开封府推官、提点府界公事。当时，朝中诸多谏官都对此议论纷纷，认为张尧佐被提拔得太快。但仁宗皇帝毫不理会，将张尧佐升为三司户部判官和副使，并赐给他很多荣誉头衔，随后又不断加官，任之为三司使。张尧佐的政治能力非常平庸，却在一年之内四次得到升迁，甚至一度身兼国家财政部部长、组织部部长等诸多要职。当时的谏官包拯、陈升之、吴奎等纷纷上奏，认为不应该让小人当道。包拯上奏说："近年以来，地震频发，黄河泛滥，水也从城内冒出，天下人都认为张尧佐主持大计，贪得无厌、不知满足，让诸路百姓为此叫苦连天，臣认为，陛下宠爱张贵妃，囿于亲戚关系，才让张尧佐如此恣意妄为。"

仁宗大为不悦，包拯又进言说："亲昵之私，即便是圣人也不能避免，但是若能正确处理私心和官心，不至于对百姓、国家造成危机，这才是合情合理的。"包拯此次进言，仁宗皇帝不仅不予理睬，反而让张尧佐的职位不降反升。在宠妃张贵妃的怂恿下，仁宗下令赐他淮康军节度使、宣徽使，并且还赐予他的两个儿子进士出身。包拯见此形势，三天之内又弹劾道："陛下即位将近三十年，没有出现过什么道德败坏的事情，如今却重用庸碌之臣张尧佐，天下人都在暗中议论，这样的过错并不在于陛下，而是在于宫中的女宠。"御史中丞王举正见仁宗毫不采纳谏官之意，想要廷议，仁宗却不允许。

包拯大呼道："张尧佐宠臣当道，简直就是一个盛世垃圾。"见没动静，包拯再弹，而仁宗也怄气了，一意孤行偏要把张尧佐提拔为"宣徽使"，甚至动了让张尧佐做执政的心思。包拯激进地要求廷辩，要和皇帝面对面理论。在争执到达最高潮时，包拯站在仁宗面前义愤填膺，滔滔不绝，一激动，唾沫星子溅了仁宗一脸，皇帝尴尬至极又十分窝火，只好拂袖而去。

仁宗来到后宫，张贵妃马上迎上去，问仁宗自己伯父张尧佐的官职怎么样了，仁宗冲她发了一通脾气："今天包拯上了大殿，向前说话，唾沫星子都溅到了我的脸上，你只知道要宣徽使，不知道包拯是最厉害的谏官吗？"就这样，仁宗总算答应了后妃之家不得任两府的建议，又批评了谏官们在殿上喧哗失礼，生怕再出现过激行为。而张尧佐自感犯了众怒，主动辞去了一些职务。后来张贵妃去世，这场君臣拉锯战总算平息了。包拯前后六次弹劾张尧佐，硬生生把他给弹下马来。皇祐三年（1051），张尧佐被罢宣徽使、景灵宫使，不久后以宣徽使出判河阳。官终天平军节度使、宣徽南院使，卒赠太师。

对待皇亲国戚、宦官专权的不法行为，包拯一律主张绳之以法，尽力避免"只许州官放火，不许百姓点灯"的情况发生。由于包拯敢于弹劾权幸，被时人呼为"包弹"。王楙《野客丛书》记载："包拯为台官，刚正不阿，严毅不恕；朝列有过，必须弹击。故言人之瑕疵者曰'包弹'，言事无瑕疵者曰'没包弹'。"蔡绦《铁围山丛谈》说："故都邑谚谓人之不正者，曰'汝司马家耶？'目人之有玷缺者，必曰'有包弹矣'。'包弹'之语，遂布天下。人臣立节，要使后世著闻若此，始近谏诤之风。"至明代时，高邑（今河北省石家庄市高邑县）人赵南星在其编纂的《目前集》中说："包孝肃多所纠弹，故俗称讥贬人者为'包弹'。"于是，"包弹"一词渐渐成为老百姓的口头禅，也在一些文人的笔下流传开来。

除了弹劾贪官污吏，对于有才干有政绩者，包拯也能秉公力荐，如杨纮、王鼎、王绰三人都是得范仲淹赏识而被提拔的人才，曾分别担任江南东路转运使、提点刑狱和转运判官，因任内严惩贪赃枉法的官吏而有"江东三虎"之称。后受守旧权臣的忌恶，被降任知州，不得再任转运使等监司官。包拯虽由守旧派人物王拱辰荐为御史，却不为政派所囿，极力主张复用三人，终于使杨纮、王鼎、王绰先后被重新任用。后来，包拯被擢任为天章阁待制、知谏院，已成为国家级高官，但依旧心怀国家、体恤民众，他廉洁奉公、刚直不阿、忠君爱民，敢于同贪官污吏作斗争。

在中国古代，做官不仅能使自己受益，更是邻里、亲戚眼中的靠山。在古代宗族、家族式的家庭中，个人与家族整体联系十分紧密，一旦一人做官，便不可能只顾自己与父母妻儿，也要对亲朋好友多加照拂，因此大范围的徇私枉法便经常发生。倘若做官之人真的严词拒绝家族中他人的不法请求，恐怕也会背上背弃宗族的骂名。因此，亲戚故旧倚仗为官者的势力横行乡里，往往造成一方大害，是司空见惯的事情。

包拯在知庐州时也遇到了这种情况，有的亲旧将他视为大靠山，做一些仗势欺人的勾当，甚至扰乱官府，无法无天。包拯本就是一个眼里揉不得沙子、容不得脏东西的人，对待子女，他都严格要求，决不允许放纵私欲，自己的亲朋犯法他就更加不讲情面了。

当然，也不仅仅是不包庇自己的亲朋好友，对于其他仗势欺人的行为，包拯更是厉声制止，他早就想整顿这种不良风气了。当时，包拯的一位表舅触犯律法，引起了公愤。从伦理上讲，舅舅属于近亲，有"一个外甥半个儿"的古训。在一般人看来，甥舅关系可是很亲密的，包拯再怎么刚介，肯定不会真这么狠心，连舅舅都要处罚。叫人意外和震惊的是，包拯丝毫没有要纵容的意思。他下令将舅舅逮捕起来，在公堂上依法打了一顿，打得舅舅哇哇直叫。此举果然有效，亲朋故旧见他铁面无私，都收敛起来，再也不敢胡作非为了。庐州百姓知晓了这件事，都拍手称快，赞扬他"外甥有理打得舅"，居官公正。大约从这时开始，"外甥有理打得舅"逐渐演变为一句俗语，一直流传至今。关于这件事，司马光在《涑水纪闻》中引大臣王珪的话说："包希仁知庐州，庐州即乡里也，亲旧多乘势扰官府，有从舅犯法，希仁鞭挞之，自是亲旧皆不敢再胡作非为了。"

包拯知庐州两年，被人誉为"庐阳正气"，当地百姓没有不钦扬其德政的。后来包拯病逝，兴化寺僧人仁岳非常悲痛，为了表示对包拯的崇敬和怀念，他特意开辟寺内西屋为祠堂，专门供奉包拯的画像，将包拯敬若神明。庐州百姓还在包拯读书处香花墩建立了一所"包公书院"，将包拯作为师表，教育后生，在清代改为"包孝肃公祠"，先后多次重修，至今犹存，可见包拯事迹感人之深。包拯回到老家，不为亲朋徇私枉法，面对亲朋的请求一概拒绝，甚至对犯法的舅舅进行了严惩来树立威严，这也是包拯流芳百世的核心魅力所在。

在包拯权知开封府时，在诉讼的审理程序方面，老百姓告状必须呈递状牒，得到允许之后才能来到庭下，跪在离官员很远的地上申诉。包拯认为这样的规定不便于直接了解案情，官民之间隔着小吏，容易招致不公。于是命令大开正门，让百姓能自己到庭下自陈曲直。他改变了"衙门口朝南开，有理无钱莫进来"的旧衙门，特意将大门朝北开，让含冤百姓能够到跟前陈述是非，办事小吏也因此不敢欺瞒。

包拯不仅立志为民申冤除害，还做了一系列有利于民生的事情。开封有条河叫蔡河，这条河可以起到航运、灌溉、泄洪的作用，为当地的百姓带来了极大的便利，因此又叫惠民河。这条河本来畅通无阻，交通便利，但后来，这条河的情况已经大变了，总是接二连三地发生水涝灾害。包拯上任的那一年，由于降雨量多了一点，惠民河又发了一次大水。由于河道阻塞，河水排不出去，水涨起来，淹没了附近居民的房屋与良田，河两岸的老百姓叫苦连天，怨声载道。包拯随即来到现场，发现河道拥挤不堪，蓄积的雨水根本排不出去。经过了解，原来根源出在一些有权有势的豪强身上。

豪强们任意侵占河道，将河两岸填平，在上面建起自己的园林台榭，供家人游乐享受，甚至还私下开凿小河，把河水引到自己的花园中去。结果一条好端端的惠民河，被折腾得一塌糊涂，成了地地道道的"害民河"。包拯见状，丝毫没有考虑是否会得罪权贵，他只知道自己不能坐视不管。于是他下定决心，拆除挤占河道的一切建筑物，彻底疏浚河道。他下了一道命令，不论挤占河道的建筑物是谁的，在限定日期内，都一律拆除。可是，那些豪强树大根深，根本没有打算拆除建筑物，并且还联合起来，与包拯作对。到了限期，没有一家人动手拆除建筑，包拯气坏了，他下令衙役，动员百姓，一起动手强行拆除。包拯这下可捅了马蜂窝。那些权贵成群结队拥向开封府衙门，大施淫威，大骂包拯。许多人都拿着地契，说他们占的是自己的土地，拆除河上建筑，是侵犯他们的合法权益，并扬言说："包拯，你敢拆我们的建筑，我们一起到金殿，到皇帝那里评理。"

　　其实包拯在下令拆除前就准备好了有关河道的原始资料，对河道做了勘测，掌握了第一手资料。包拯胸有成竹，但又不露声色。他说："你们若是真的有地契，可以交上来，是你们的土地，当然可以不拆。"那些豪强都想保住自己的建筑，于是纷纷把地契交了上去。包拯把这些地契与原始资料一核对，就发现这些地契有的是假造的，有的是私自篡改过的。包拯把这些人集中起来，说："你们的地契都是假的，你们挤占河道的建筑全要拆掉。"有些人立即喧闹起来，说："谁敢说我们的地契是假的，我跟他到朝廷去评理。"其他的人也乘机起哄，吵着要去皇帝那里评理。

包拯把惊堂木一拍，厉声喝道："你们既侵占河道，又假造和篡改地契来欺骗朝廷，该当何罪？你们的地契就是罪证！"那些豪强看事情败露，把柄落到了包拯手里，想起他惩办贪官污吏的事，一个个瞬间瘫软下来，之前嚣张的气焰不知跑哪里去了。为了彻底解决问题，包拯当机立断，把他们假造和篡改地契、侵占河道的罪行上报给宋仁宗，请求宋仁宗严加惩处。宋仁宗在确凿的证据面前，表示支持包拯的决定。那些侵占河道的权贵们，也只好乖乖地拆除了河上的建筑。

包拯领导老百姓疏通了河道，这条河又变得畅通无阻，交通方便，"害民河"又变成了"惠民河"。在不同的史书记载中，均有包拯疏通惠民河一事，但是有关侵占惠民河对象的记载却有所差别。有史料记载说，当时惠民河是由很多中人侵占的，中人就是宦官。宦官虽然不参与朝政、没有品级，却常年待在皇帝身边，他们的一言一行对皇帝具有举足轻重的影响。因此很多官员总会想方设法地巴结皇帝身边的宦官，希望他们能替自己美言几句，以期在仕途上更上一层楼。在这起案件的审理中，包拯本可以对宦官私建屋舍视而不见，做一个顺水人情，但是包拯从不为这些官场利益所动，坚定地选择了公正判案。其实不论是谁侵占河道，损害了百姓的利益，包拯都会挺身而出，为百姓讨一个公道。包拯不惧权贵的品质以及不为利益而折腰的精神为他赢得了刚正不阿的声誉。

包拯不仅处置了侵占河道、违章建筑一案，还处置了一起权贵欠货案。有权贵借了一批货物却迟迟不还，有地方官让他们缴纳欠款，但是权贵们倚仗自己的势力，拖欠债款，并且没有要还的意思。对于此事，包拯没有放纵拖延，而是采取"置对"的办法，让他们在事实面前马上偿还。由于包拯态度强硬，很快解决了权贵借东西不还的问题。包拯的断案风格和他当谏官时的勇于举报颇为类似，毫不退缩，依法办案，惩治了依靠自己势力而欺人的权贵之人。包拯的铁面无私不仅表现在面对亲人与律法的选择上，更表现在他面对强权依然能保持人格独立且维护律法的尊严的举动上。

包拯从嘉祐二年（1057）三月上任，到嘉祐三年（1058）六月离任，在开封府共一年零三个月的时间。任期虽短，却是他一生中最负盛名的时期。"包青天""包龙图""包待制"等几个响当当的美称，一直传颂至今。后来，包拯在任职三司户部判官期间，政绩出色，在担任三司户部副使期间，他向仁宗上奏议建议废除盐铁国家专营制度，让利于民。在所有这些为官经历中，包拯不管身在何处，总是重视人民生活与民众生产，重视国家与百姓关系的和谐。

在包拯任职期间，其外任经历比较丰富，从最开始的任天长县知县、端州知州，到出使辽国，任京东路、河北、陕西转运使，权知开封府。在这些外任经历中，他会接触到很多具体情况，如百姓的生活情况、各地经济情况、边防与军事情况等，这也让他更加真切地见证了百姓的真实生活。史载包拯性情严峻刚正，憎恶办事小吏苟杂刻薄，务求忠诚厚道。包拯在朝中为人刚强坚毅，贵戚宦官因此大为收敛，听说过他的人都很害怕他。京城里的人因此说："暗中行贿疏不通关系的人，只有阎罗王和包老头。"

包拯之名，成为刚介清廉的象征，包拯的刚介与清廉，其实是包拯一生的特写，主要体现在断案与弹劾不法之人的事件上。清廉的品德是为官的必要条件，刚介则是执法的必备前提。因为司法官员的职责是执掌法律，断人是非，甚至判决犯罪，社会上方方面面、细枝末节的人和事都有可能与司法官员相联系。尤其在诉讼的进行过程当中，行贿者、行请者在所难免，如果司法官员不能具备拒贿、拒请的品质，则势必造成审判的不公正。包拯是一个非常务实的上层官僚，也是中国古代历史上最被人津津乐道的大"青天"，他在污浊的吏治、黑暗的司法环境中，能做到慎于法、慎于刑，不受贿赂、不畏权贵、刚毅无私。也正是从这一点出发，在包拯的榜样作用下，才激励了许多官吏的刚介清廉、坦荡为政。

二、诗结良缘

诗歌，是一种抒发情感、表达志向的文学体裁，凝练的文字中饱含着作者真挚的感情与丰富的想象。在中国历史上，因诗歌结缘的爱情故事不胜枚举。譬如，唐朝著名诗人崔护外出郊游时，因诗笺上面的一首五言绝句，对一名叫绛娘的妙龄女子产生好感，后写下"去年今日此门中，人面桃花相映红。人面不知何处去，桃花依旧笑春风"这样绝美的爱情诗歌。最终崔护与绛娘如愿美满，成就了一段极具传奇色彩的桃花缘。吕蒙正原是北宋初年河南洛阳的一名穷苦书生，在路经赵员外府门前时，当面质疑一帮装腔作势、高谈阔论的墨客子弟，并对出自己的诗句，得到了赵员外的赏识。随后，赵员外让自己的爱女与吕蒙正对诗，二人由此结缘。后来，吕蒙正科举夺魁，几度拜相。

作为中国历史上的著名人物，自宋代以来，包拯的生平事迹一直为广大民众所传颂。正史记载多侧重于包拯的政治活动，后来的公案、戏曲、小说等在此基础上不断演绎，将包拯的人物性格、为官特点不断放大与强化。包拯刚介的个性特征、清廉的为官品德，经过人们一代又一代的塑造，不仅升华成超越时空的理性精神，更成为公理与正义的象征。而这样一位北宋的劲直之臣、百姓心中的清官代表，在自己的家庭生活方面，却有着一段"诗结良缘"的佳话。在与妻子的相知、相识等过程中，包拯亦有其可爱俏皮不为大众所熟知的一面。

关于包拯的家室，史书记载并不十分详细，需要结合一些笔记小说或传闻逸事来进行复原。包拯一生共有三个老婆，分别是两位夫人和一个媵妾。夫人即明媒正娶的妻子，包拯的第一位夫人李氏，在史书上并没有什么记载，只提到她在与包拯结婚后，不幸得了一场大病，一年之后就去世了，并没有给包拯留下子嗣。为包拯诞育子嗣，真正承担起当家主母职责的，是包拯的第二任夫人董氏。

据《董氏墓志铭》记载，董氏出生在官宦人家，其曾祖父董希颜居地洛阳，曾随宋朝开国皇帝赵匡胤南征北伐，以军功累升至宁州刺史。其父董浩，曾任鄂州武昌令。董氏从小就受到了良好的教育，精通琴棋书画，知书达理，而且董氏也非常会打理家庭。与包拯成婚之后，她就对包拯说："大丈夫应该胸怀大志，为国效力，你只管在外拼搏，家中大小事都有我操持，你大可放心，我侍奉你的父母一定会像照顾自己的亲生父母一样。"这样一番话，令包拯大为感动。董氏对包拯而言，简直就是不可多得的贤内助。

为了与小说及艺术舞台上威风凛凛的黑脸"包青天"进行对比，也有故事将包拯的第二任夫人董氏改成薛氏，只因她的人和她的姓一样，生得肌肤如雪，美艳绝伦，"薛"谐音"雪"夫人。安徽合肥至今还流传着包拯与夫人董氏因对诗而喜结良缘的佳话。

话说包拯在初次赴任途中，由于天色已晚，囊中又无多余的盘缠留宿客栈，此时恰好经过薛家庄，就想借住在庄主薛员外家里。薛员外是个热心肠的人，乐善好施，大方地答应了包拯留宿的请求。当时薛员外的独生女儿身患邪症，遍请名医却仍然救治无效。无奈薛员外只好贴出告示，若有能拿出药方治好女儿疾病的，已婚的就赠送黄金千两，未婚的就以女儿终身相许。

包拯对薛小姐深表同情，为了答谢薛员外的招待，包拯主动向员外问明小姐的病情，发现这例邪症并不是由自身引起，而是与某个邪物相冲所致。包拯随即询问薛员外："最近庄内是否有什么怪异事件发生或者有什么邪物出现？"见包拯表情严肃，十分认真地分析自己女儿的病情，薛员外也十分激动和感动，将自己所知晓的一概告知包拯。经过推理，包拯断定是庄后深潭内的一只老鳖精在作祟。为了祛除邪物，他让员外备下千车石灰，同时投进潭水中，把那只老鳖精活活憋死在潭内，并用巨石将深潭封死，在边缘处压满石灰，阻止邪气出来。没过几天，薛小姐的病竟然就痊愈了。

薛员外全家上下对包拯千恩万谢，员外也是个讲信义之人，他不食前言，当面表示要将女儿许配给包拯。这天晚上，员外与包拯在庭院内饮酒赏月，特意让丫鬟换出小姐与包拯相见。两人一打照面，不由得同时大吃一惊。包拯心想：世上竟然有如此白如雪、美如花的女子！薛小姐却眉头一紧，心想：世间竟有长得这样黢黑的人，这样一个"黑炭头"，如何做得我的丈夫？

包拯看薛小姐的神情，一下子就猜出了她的心思，心想：看来她也是个以貌取人的女子，若真是娶了她，想必日子也难熬。于是他便立即起身说道："薛员外，这几天感谢您的热情相待，除妖治病本是小生分内之事，我岂能乘人之危，强人所难？小姐如此娇美，小生自惭形秽啊！绝不能让她蒙受委屈，请员外为小姐另择佳婿吧！"

薛员外也看穿了自己女儿的心思，又觉得包拯为人善良、正直，且颇有本事，仍有意撮合二人，于是急忙打圆场道："确实是我唐突了包大人，此事是我做得不妥，婚姻大事岂能儿戏，你们二人想来都不够了解对方，这件事咱们先从长计议吧。"薛员外心中其实对包拯十分满意，便有意留包拯再多住几日，于是趁机说道："今晚皓月当头，天河横空，不如咱们饮酒赋诗作乐如何？"包拯一听，觉得正中下怀，于是没有推辞，想道：就让这个喜欢以貌取人的薛小姐见识见识我包拯的才学！

　　薛小姐听了包拯方才那番话，心中已对他增添了几分敬意，心想：这包拯脸虽黑，心却明亮，是个值得信赖的。但不知他才学如何？正好趁此机会摸摸他的底子。于是深鞠一礼，说道："感谢相公治好了我的病，听闻相公熟读孔孟，必然才高八斗，不如就以天上银河为题，作诗一首，让小女子开开眼界。"包拯礼貌答道："哪里哪里，小生只是略尽绵薄之力罢了。小姐如此夸赞，小生不敢，小生才疏学浅，谬误处还请员外和小姐多多指教才是！"他抬头看了看黑色夜空中闪光的银河，朗声吟道：

银河高高挂九天，撤南到北九道湾。

九道湾上架仙桥，仙桥下边行仙船。

嫦娥掌舵船尾站，划桨本是众八仙。

河边栽着蟠桃树，牛郎奉命守桃园。

牛郎看桃牛背坐，织女为他把扇扇。

有情人儿成亲眷，郎虽放牛妻不嫌。

薛员外听罢，连连夸好。薛小姐听罢，心中顿时明白：这包拯是在说自己不该嫌弃他黑呢！包拯说道："小生不才，不知小姐可否与小生对上一首？"见薛小姐轻轻点头，他又说道："你看，我生得面黑如墨，你就照我这个黑劲儿作上一首诗吧！"薛小姐一听，捂着帕子差点笑出了声，这会儿再抬头看看包拯，只觉此人心胸宽广，说话也很风趣幽默，不仅一下子觉得顺眼了许多，还隐约萌生了一丝好感。薛小姐见包拯的脸虽黑，却黑得亮堂，两只眼睛在月光下分外明亮，浑身充溢着凛然正气，于是她作诗吟诵道："公子本是黑虎星，子时生在厨房中。乌云运月星不明，房内一夜没点灯。滚了一身锅烟子，接生婆娘穿大青。"

包拯看了看薛小姐，知道这是在夸赞自己，不由得内心一喜。员外也听明白了女儿的意思，更为女儿的巧妙答对感到高兴，又转身对包拯说："包大人，你看我女儿，肌肤白如雪，面如玉，不如你也围绕她这个白，作上一首诗吧！"包拯两眼一转，想了想便吟道："爹姓薛，娘姓杨，生她时节在磨房。黏了一身细白面，放在白玉象牙床，三尺白绫包裹着，穿了一身白衣裳。"

薛小姐听出包拯如此夸赞自己的肤貌，不由得低头害羞起来。薛员外一听包拯如此夸赞自己的女儿，心中自然明了，高兴得直竖大拇指，心想：这包拯才华横溢，前程必然远大，若是将女儿嫁给他，我也就放心了，今天一定要努力成全他们的婚事。于是又对两个年轻人说道："你们两个一个白如雪，一个黑如墨，黑白分明，正好互补，真真是天作之合呀！"包拯连忙接道："员外哪里话？小生面黑貌丑，千万不敢心存妄想。"又转头看向薛小姐，说道："小姐若觉得有趣，就请以这黑、白为题，作诗一首吧。"

此时薛小姐对包拯的一腔敬意，已化为缠绵爱意了，她含情脉脉地看了他一眼，羞羞答答地吟道："乌木筷子白银镶，黑漆板凳靠粉墙。香墨放到粉盒里，秤砣掉进石灰缸。"包拯一听，高兴得心花怒放！薛小姐的这首诗，一直在讲黑白交织，言语之间都在暗示对自己的好感和心意。包拯抬头看了看薛小姐，想道：薛小姐既多才又多情，品貌又好，得此佳偶，人生足矣！薛员外看到这对年轻人通过吟诗感情逐渐升温，禁不住开怀大笑："哈哈，好哇，看来你们二人真是心意相通啊！"随即有了立刻让二人结婚的想法，又说道："不如你们二人再以各自的特征对诗一首，若作得好，我明天就让你们拜堂成亲！"

薛员外此语一出，正中二人下怀，二人即刻相视一笑，包拯先起身吟道："笔墨砚台一处搁，掂起鏊子盖住锅。老鸹落到猪身上，屎壳郎爬进煤炭窝。"薛小姐见包拯如此"自黑"，不由得暗自发笑，接着吟道："银链挂在石灰墙，仙鹤落在羊身上，好面撒在雪堆里，素绢衣上下层霜。"薛员外一听，连连拍手称赞道："看来你们二人的诗才真是不相上下，真是极有缘分啊！包大人救了我家小女的命，小女也中意于大人，天作之合啊天作之合，我明天就张罗给你们操办喜事！"就这样，肤白如雪的薛（董）小姐嫁给了面黑如墨的包青天。

董氏比包拯小三岁，与包拯结婚后，她侍奉公婆、操持家务，对待包拯十分体贴。董氏贤惠、豁达，于内相夫教子、恪守妇道，于外也能妥善处理好与族人之间的关系。她善解人意，在背后一直默默地支持包拯，在从包拯中进士到逐渐显贵的十三年间，董氏一直陪伴其左右，不喜奢华，勤俭持家。包拯由于在朝堂上一直直言敢谏，有一次竟然将唾沫星子都喷到了宋仁宗脸上，董氏深知此举是"蔑视君王"的大罪，便让丫鬟为自己沐浴更衣，穿上服制，向包拯说道："听闻夫君因仗义执言触怒皇帝，妾身惶恐，无以为报，甘愿为夫君替死，还望夫君千万不能因为此事而放弃仗义执言的禀性，为人臣子一定要坚守忠君报国的理想。"包拯感动不已，听闻此事的仁宗，也被董氏的忠义感动，便免去了包拯的罪过。嘉祐末年，宋仁宗任用包拯为枢密副使，董氏也被封为永康郡夫人。包拯逝世后，董氏亲自为其料理后事，并竭力挑起家中的大梁，教育子女、帮助族人。

董氏与包拯共生有一男二女。长子名包繶，自幼聪敏过人，深得包拯和董氏的喜爱。包繶长大后娶了年十九的淮阳崔氏女为妻。崔氏的母亲吕氏是宋初宰相吕蒙正之女，崔氏即为吕蒙正的外孙女，家世显赫。崔氏与包繶十分恩爱，婚后不久便诞下了一子包文辅。不幸的是，二人结婚后的第二年，包繶因病离世，包文辅成了遗幼子。崔氏还没从失去丈夫的悲痛中彻底走出来时，刚满五岁的包文辅又夭折了。崔氏的心情，可谓是难过到了极点。此时包拯和董氏也已年过半百，老年丧子，又连失长孙，悲痛之情，足以想见。

包拯夫妇见崔氏尚且年少，不忍心她面对残灯孤枕，一辈子为包繶守寡，便表示愿将她"还宗"，也就是放崔氏回到娘家，重新找一个好人家另结良缘，重组家庭。崔氏得知后，蓬头垢面跪在厅堂，对包拯发誓说："父亲您是天下的名人，我能服侍您和母亲，已是我人生中的幸事，我怎么能做出有损包家名声的事情？包繶临去之时，最放心不下的就是二老，我要遵从夫君的嘱托，照顾好父亲和母亲。我活着是包繶的妻子，死了也还是包家的儿媳，此生没有别的志向，就让我留在包家，继续侍奉父亲母亲吧！"包拯看着眼前悲痛不已却处处为包家着想的崔氏，心中既感动又无奈。

日子就这样平平淡淡过去了好几年，包拯与妻子董氏所生的唯一的儿子包繶去世后，包拯以为自己没了传宗接代的子嗣，整日郁郁寡欢。值得庆幸的是，儿媳崔氏在包拯六十大寿那天带来了一个天大的好消息，并亲自将包拯的二儿子接了回来，包拯亲自给他取名为包绶，包绶是包拯的侍妾孙氏所生。先前，孙氏由于脾气不好，不得包家人喜爱，便被包拯打发回了娘家，当时侍妾孙氏已有身孕，但是包拯却不知情。而得知孙氏怀孕的崔氏，却一直背着包拯夫妇，私底下不断派人将钱财衣物等送到孙家，一直接济到孙氏腹中的孩子出生。将包绶接回来后，董氏与崔氏一同抚养，但是董氏年事已高，照顾孩子的责任便落到了崔氏的头上。崔氏为人慈爱，将包绶照顾得十分周到，她名为长嫂，但实为养母。

嘉祐七年（1062），六十四岁的包拯病故，崔氏陪同董氏自开封护灵返回合肥安葬，恰巧崔氏的母亲吕氏自荆南来到合肥，见到了自己的女儿。母亲吕氏对女儿崔氏说："女儿啊，母亲在荆州为你物色了一个上好的人家，那人今年三十岁，在信州做幕职官，他人品尚好，值得依靠。我已经答应他将你许配给他做妻子，你一定要尽快前去啊！"

崔氏这时也恰年三十，照顾包拯夫妇及其二儿子包绶已十来年。面对此时母亲前来，硬要求自己改嫁，崔氏声泪俱下，回答道："母亲不能体谅女儿的心意吗？我要是真的想改嫁他人，又何必在包家侍奉这么多年？"母亲吕氏又反驳她说："你的丈夫包繶去世了，你可以留在包家继续抚养你们的儿子包文辅，但是你们的儿子也不在了，你还坚持留在包家做什么？"

崔氏转过头去，背对着母亲，一边拭泪一边说道："父亲已经离去，母亲董氏年纪也大了，我要是离去，母亲该怎么办？还有小儿包绶，他就如同我的亲儿子一样，我要留在包家，将他抚养长大。"母亲吕氏顿时恼火道："母亲年纪大了，为了你，特意奔波数千里，现在你要让我独自回去吗？"崔氏说："那我先送母亲回去，见到父亲我向他说明我的心意，我是决不愿意改嫁的。"于是，崔氏便准备随母亲吕氏回荆南。

包拯的夫人董氏十分喜爱儿媳崔氏，这么多年她早就习惯了崔氏在身边的陪伴和照顾，她一面担心崔氏随母回到荆南不再回来，一面也希望儿媳崔氏能安顿好自己的后半生。看着董氏恋恋不舍的样子，崔氏对董氏说："我如果不能遵守十年前的誓言，侍奉包家，我将以尸首来见。"到了荆南，崔氏向族人说明了自己的心愿，亲友们都被她的孝义行为感动，也不再逼她改嫁。没过多久，崔氏如期返回合肥，董氏对此颇有感慨，于是将其事迹整理后上报官府。朝廷为了表彰她，授封崔氏为寿安县君。

包拯病故后四五年，董氏也染上了重病，卧床不起。崔氏和包拯的小女儿一直悉心照拂，陪床护理，每日送去的药食都要亲自调试后才敢拿去喂母亲喝下。熙宁元年（1068），董氏逝世，享年六十八岁。董氏与包拯因对诗而结缘，自此相识、相知，从清贫到富贵，体验过加官晋爵的荣誉，也经历过晚年丧子的悲痛，不论悲喜，董氏一直全心全意在身后扶持包拯，二人陪伴了彼此人生中最重要的时光。

此后，包氏家庭主要靠崔氏打理与掌管。此时的包绶年仅十一岁，崔氏为他寻求学问高的教师辅导他知识，待包绶成人后，又亲自为他挑选夫人，还千方百计派人到开封帮他找到了生母孙氏，帮助他们二人团聚。崔氏对包拯夫妇"尽志于孝养"，对包拯子孙包绶、包永年也尽心抚养，倾尽一生，为包氏家族的生息与发展做出了重大贡献。

在这样两位伟大的榜样女性的教导下，包拯的子孙也颇重礼教，恪守孝道。宋哲宗元祐元年（1086），保信军长官将崔氏的事迹上报朝廷，宋哲宗特赐崔氏由寿安县君升为永嘉郡君，并在其家门口筑上"节妇台"，表彰崔氏。大文豪苏轼也起草制书，极力称赞崔氏的孝悌之义。

包拯生活于北宋真宗、仁宗两朝，一生政绩颇丰，获得过同时代人的不少赞誉，赢得了众多百姓的夸赞。透过这些事迹，可以看出凝结在包拯身上的优秀思想道德品质——忠、孝、廉。忠就是忠君，孝指孝亲，廉即廉政。有学者称："中国人向来尊敬忠臣、孝子和清官，而包拯一人就具备了这三种优良品质。"这些优良品质形成一种"孝肃之风"，对包氏家族产生了重大影响。这种"孝肃之风"，源于刚介清廉的包拯，同时也离不开其妻子董氏和儿媳崔氏的教导实践。在这样的家庭环境与家庭教育模式下，包拯的子孙后代无一不秉持与践行着这样的优良品德，将包拯的事迹不断发扬光大。

三、馨香百代

儒家经典《大学》称："古之欲明明德于天下者，先治其国。欲治其国者，先齐其家。欲齐其家者，先修其身……"这不仅是古人进行自我修炼的原则，也成了儒家教育思想的鲜明特征，即强调个人、家庭、社会与国家之间的整体关联性，将家国情怀视作家人、子弟、族众教育的重要内容，同时，它更是部分士大夫"格物致知"的终极理想。实现这一理想，关键在"忠""孝"二字。在家尽孝、为国尽忠，是士大夫"修身齐家治国平天下"的重要途径。

唐宋时期，是儒家家庭思想教育的完善时期，宋代统治者重视《孝经》，强化孝治思想，推行尊老国策。在宋代，"忠""孝"思想得到了很大的发展，包拯即是这一思想的个案代表。他对待双亲行之以孝，对待国家尽之以忠，教育子女用之以严，"孝""忠""严"成了包拯政治生涯和社会生活的一个突出特征。

孝亲忠君是一个整体思想结构，孝亲是忠君的基础。司马光在《涑水记闻》中这样评价："包拯进士及第，因为双亲年事已高，于是在家尽心侍奉长达十年，人称其孝。"《宋史》本传载，天圣五年（1027），包拯高中进士甲科，初授为大理评事，出任建昌县知县。因为父母皆年事已高，包拯为了方便照顾父母，便请求朝廷将自己安排在家乡附近就职。后来，朝廷的改任状下来，包拯得到了监和州税的官职，可是父母因身体抱恙无法随行，生性纯良至孝的包拯，索性辞去这个职务，回老家庐州（今安徽合肥肥东）一心侍奉双亲。

庐州位于淮河与长江之间，地势低平，东临巢湖，风景秀丽，气候宜人。在包拯的悉心照料与陪伴下，他的父母在这里度过了非常安稳舒适的晚年。人的生命终究抵不过年月的侵蚀，父母逝去后，包拯极为悲痛，在他们的坟墓边盖起了一座草庐。包拯每日都守在草庐前，直至守丧期满，他仍然为父母的逝去而感怀伤心，不愿意离去。

父老乡亲见状，多次前来劝慰包拯："你对父母的孝心至极，我们都看在眼里，只是人已离去，你还是要振作起来，不要一直沉浸在悲痛之中啊！"包拯徘徊在草庐前，看着双亲的坟冢，内心始终无法割舍。乡亲们又说："你是考中进士的人，应该发挥自身所长，走出去为国家效力，若是一直待在这里，可就辜负了父母对你的教导啊！"在父老乡亲们的不断劝说下，包拯缓缓抬起头，卷起袖子擦了擦眼泪，他想道：是啊，离自己中举，已经整整十年了！不久后，包拯逐渐整理好情绪，接受调遣，出知扬州天长县。

孝道，是中国古代基本的社会伦理和政治伦理，这是"家国合一"制度结构的必然要求。孝道的基本要求是"生养死葬"，精神内涵是"敬"，最高境界是"无违"，一言以蔽之，"善事父母"。鉴于父母年事已高而又无人奉养，包拯不能将他们抛弃，只能暂缓出仕为官。父母去世，他居丧守制，转眼便是十年之久。如此孝行，为包拯树立了一个至孝的纯良形象，这也是人们极力赞扬与传布包拯事迹的主要原因之一。

包拯三十九岁出知天长县，正式开始了他的仕宦生涯。在天长县因巧断"割牛舌案"而始有名气，至皇祐四年（1052），仕途一路高升。他先后担任知县、知州等地方行政长官，由于政绩显著，受命入京任殿中丞。后受到御史中丞王拱辰的举荐，包拯被任命为监察御史里行，后又迁监察御史，掌管监察百官、巡视郡县、纠正刑狱、肃整朝仪等事务，其间，还担任过外交使节出使辽邦。他先后改任京东路、陕西路、河北转运使，河北转运使还没来得及正式上任，便改任户部副使，掌理国家财政。包拯为人为官刚正严明，对待工作始终兢兢业业，皇祐二年（1050），升任天章阁待制、知谏院。其间，由于多次上疏均未被采纳，他心中难免失意，多次请求将自己派到地方去。

皇祐四年（1052）三月，包拯受命为龙图阁直学士，任河北转运使，后又出知瀛洲、扬州、庐州、池州、江宁等地，其间经历长子离世、亲舅犯法亦挞之、荐人不当遭贬谪等事。嘉祐元年（1056）十二月，包拯权知开封，他在开封疏浚河流、断狱清明、执法严峻，就连小孩、妇女都知道包拯的名讳。

纵观包拯的政治生涯，虽偶尔遭遇过贬谪，却是以升迁为主，总体上可以说是一帆风顺。在风云激荡、诡谲莫辨的政治官场之中，包拯祖上并无福泽可以庇佑，却能仕途通畅，最终做到三司使、枢密副使这样的大官，足以见得他是一位忠心耿耿的实干家。包拯为官务实、本分，在出任地方时，心系百姓，断案公正；为谏官时，直言敢谏，不畏权贵；任财政官员时，沿路访问，体察民情，积极进言。他一生都将刚介清廉践行不二，这是包拯赢得宋仁宗尊敬、百姓爱戴并一直歌咏不断的最重要的原因。

包拯侍亲至孝，为国尽忠，在治家与教育子弟后人方面也是非常严格。宋代，宗族组织得到大规模复建，文人士大夫更加强调对子弟的教养，各种家训、族规纷纷出现，包拯亦不例外。自从离开谏院出任外任官，这期间包拯由于公务较朝中轻闲得多，有了更多的时间教育子女。在做官的道路上，包拯持满戒盈，以身作则，并严厉告诫自己的子孙，若是要做官，一定要做一个廉洁奉公的清官，一个让百姓满意、信任的好官。为此，他为自己的后人留下了一则珍贵的家训：

"后世子孙仕宦，有犯赃滥者，不得放归本家；亡殁之后，不得葬于大茔之中。不从吾志，非吾子孙。"

原文虽然只有三十七个字，短小精悍，却是字字珠玑，每个字都是如此刚正冷峻，不留情面。每读一遍，仿佛都能透过这些冷峻的字眼，感受到包拯威严肃穆的形象与气息："我的子孙后代们，你们若是入仕为官，就绝不允许贪赃枉法，否则，活着的时候要被逐出家门，死后也不能葬进祖坟。子孙中如果有不遵从我的遗训的，就不是我的后代！"这则家训，读来使人振聋发聩，更令人深思。时人也称其"有凛然不可夺之节"，可见，包拯不仅刚正得有些执拗，甚至还有些不近人情，对待子孙后代，似乎严格要求得有些过分，但实际上却体现了他一丝不苟的行事作风以及刚毅的人格魅力。据吴曾的《能改斋漫录》记载，三十七字家训后又有押字：

其下押字又云："仰珙刊石，竖于堂屋东壁，以诏后世。"又十四字。珙者，孝肃之子也。

　　包拯还要求其子包珙将这则家训刻在石头上，并立于堂屋东侧，以时时警告家人，劝勉子孙。这则家训，不仅是包拯一生为官的准则，更成了他规范子孙后代行为的戒条。在包拯严格的教导以及家训的规范下，子孙后代都不负包拯所望，他们为人正直，为官刚介清廉，心怀百姓，为国尽忠。他的长子包繶，天资聪颖，性格坚毅，不喜奢华，生活简朴，颇具包拯风范。仁宗皇帝对包繶也是十分欣赏，在他年幼之时就赐封他为太常寺太祝。令人惋惜的是，皇祐五年（1053），包繶恰是风华正茂的年岁，却不幸因病而逝，并且没过多久，包繶的遗幼子包文辅也早夭了。

　　当时包拯已经五十五岁，至亲的接连逝去如同一个又一个晴天霹雳，给包拯带来了沉重的打击。老年丧子，白发人送黑发人，可谓人生中最惨痛的事情。包拯内心十分悲痛，他既牵挂家中后事，又为国事担忧，更忧心自己的状态无法安心处理政事，恐怕会贻误国事，便请求朝廷将自己调离现在的职位，在故乡附近给以差遣。仁宗考虑到包拯的实际情况，也想给包拯一个轻松、舒适的环境，便授命他知扬州，很快，又迁官刑部郎中、知庐州。从瀛州（今河北省河间市）到扬州，将近九百公里，包拯一路日夜兼程。包拯出仕已经十六年了，如今又回到了自己的故乡，可惜这次回来，不是加官晋爵、荣归故里，而是处理儿子的后事，心中不免肝肠寸断、痛苦万分。

面对至亲的离世，包拯伤心欲绝，所幸的是，二儿子包绶得以健康成长。包绶幼名包綖，是包拯的老来子。前文已述，他的生母本是包拯的侍妾，后被包拯打发回了娘家，当时这名侍妾已有身孕，但是包拯却不知情。在长子包繶因病离世后，长媳崔氏便将侍妾所生的包绶接了回来，包拯见到二儿子，心中既欣喜又宽慰。包绶作为包拯仅存的血脉，颇受包家宠爱。在他五岁的时候，包拯溘然长逝，他自此失去了父亲的教育和宠爱。在大嫂崔氏的养育与教导下，包绶牢记父亲留下的家训，生活勤俭朴素，学习更是勤奋用功。由于对其父的欣赏，仁宗对小包绶也是格外照顾，包绶年纪轻轻就被授予了官职。由于为人正直、为学勤奋、为官清廉，包绶得到了当时宰相文彦博的欣赏，文彦博还将自己的女儿嫁给了他。

包绶在仕途上也是多次得到升迁，历官太常寺太祝、大理评事、濠州（今安徽省凤阳县）团练判官，他为官刚正廉洁、奉公守法、敬爱百姓，深受当地百姓的爱戴与感激。他不论在何处任职都是"人称廉洁"，他在汝州（今河南省平顶山市）期满离任时，当地百姓扶老携幼，争先恐后地出郊欢送，一再向他拜谢，并祝愿说："希望您还能回来继续做官，我们在这里等着您。"包绶任京官时，曾在故乡为生母孙氏守丧几年，当时家里入不敷出，已经非常贫困了，即便如此，他也绝不私拿或收取百姓一分一毫。人们称颂包绶说："包拯以清白闻名于世，包绶更是将包拯的清廉之风继承与发挥到了极致。"

由于政绩优异，在文彦博的推荐与帮助下，宋徽宗崇宁四年（1105）十月，四十八岁的包绶出任潭州（今湖南省长沙市）通判，在赴任途中，不幸因病去世。办理后事的人打开他的行李，发现箱囊之内，除了朝廷诰敕及书籍、著述外，竟然没有一件值钱的物品，包绶全身上下，只有四十六枚铜板。包绶的清苦守节，令人们惊叹不已。包绶用他的一生，践行了父亲要求的"刚正清廉"的家风与家训。

包拯之孙包永年，原名包滨，字延之，本为包经（包拯之侄）次子，后过继给包繶，后来更名为包永年。包永年天资谨畏，乐善好学，曾任开封府咸平县主簿，宋徽宗政和八年（1118）官至宣教郎、知鄂州崇阳县事。虽然历任小吏，但他谨守包拯家训，行事也颇具包拯遗风。《包永年墓志铭》记载他："廉勤自守，蔚有政声，吏民爱思。"他死后，没有一分多余的积蓄，连丧事都是两个弟弟出钱办理的。人们讶于包永年的清苦，更是相顾嗟叹道："包拯之后，信乎有是贤孙也。"

包拯的子孙居官，一个似一个清廉贤明，都是史上有口皆碑的清官。究其原因，一是包拯曾以身示范做了表率；二是有一则可贵的家训警示后人，他的家教足以垂照后世。千百年来，人们一直称呼包拯为"包青天"，就是赞誉他清正廉洁的美好品行，观其家训，可知这句夸赞并非过誉，正如元代文学家元好问所说："人信有清官。"包拯这种精神，即使在今天也具有相当的启发与借鉴意义。

前文提及，嘉祐四年（1059），当时任三司使的张方平由于以低价收购土豪的地产，被包拯弹劾，后来宋祁接任三司使，包拯又去弹劾他，宋祁被罢免后，由包拯暂时代理三司使的职位。欧阳修便弹劾说："对张方平和宋祁等人如此轻罪重罚，最终的好处还不是落到了他包拯一个人的头上，既博得了直言敢谏、铁面无私、不畏权贵的好名声，又获得了一个更高的官职，谁知道是不是真的无私呢？难道包拯就不过分吗？"

包拯听闻此话，既不愿与欧阳修针锋相对，又觉得自己徒有辩驳也是无用，只好一直躲在家里，躲避暂时代理三司使的职位，但仁宗不许，后来，他才出府任职。嘉祐六年（1061）三月，包拯正式担任三司使的职位，没过多久，又拜枢密副使，随后又调任礼部侍郎，但是包拯却推辞不受。嘉祐七年（1062）五月，包拯在枢密院工作时，突发疾病，溘然长逝了。当包拯去世的噩耗传出时，整个朝野都非常震惊，全城的百姓都来为包拯哀悼，到处是一片伤感与叹息之声。

包拯逝世后，他的仁爱至孝、廉洁奉公、刚正严明得到了当时百姓以及后人的赞扬与传颂，流芳百世。他以为民请命、为民除害申冤闻名于世，受到百姓持久不息的爱戴与敬仰。前述有云，现藏于开封博物馆的北宋"开封府题名记"碑，上面刻着一百八十三位开封知府的姓名和上任年月，独独只有包拯的名字已经磨去，据说这是因为人们在观赏碑记时，由于敬仰包拯而经常用手抚摸指点其名，天长日久，竟然将碑上的字都磨掉了。除了包拯自身以孝侍亲、以忠尽国、以严治家的优良品质外，包拯其人其事能够流芳百世、馨香百代，还与以下因素密切相关。

包拯能够受时人乃至后世的赞誉，离不开一个关键性和决定性的人物——宋仁宗赵祯。历史上由于犯颜直谏而招致杀身灭门的官员不胜枚举，连豁达大度、英明纳谏的唐太宗，也曾有过加害魏徵的念头。而宋仁宗对包拯却始终信任不疑，君臣相得三十五年，依如肱股，死则亲奠，仁宗对待包拯，可谓恩礼有加。

庆历四年（1044），包拯升任陕西路转运使，按照惯例，皇帝在召见时应该赐给官员新的"金紫"官服，宋仁宗没赐，包拯也不主动提及，而是穿着原来的服装就赴任去了。可是别的转运使在觐见时，却主动要求赐予新的官服，这样两相对比之下，宋仁宗顿时感到包拯真是一个胸襟颇为豁达的人。包拯在降任池州知府时，宋仁宗神志不清，胡言乱语，包拯听闻仁宗身体抱恙，便派专人将池州的名贵中药石菖蒲精制一银盒，连夜送往京师，帮助宋仁宗恢复健康，宋仁宗还特地下诏答谢和嘉奖。

嘉祐三年（1058），宋仁宗已经年近半百，太子之位却迟迟悬而未决。当时包拯迁谏议大夫、权御史中丞，他便上奏说："东宫之位空缺日久，天下人都为此感到担忧，陛下您却迟迟不做决定，这是为什么呢？"宋仁宗便反问包拯："你是想让我立谁呢？"包拯觉得非常惶恐，跪下说："臣子无能啊，不知道陛下的心意，更不能替陛下做出这么重大的决定啊！臣请求陛下早日立太子，完全是为了宗庙大计，陛下这样问臣，是在怀疑臣的用心啊！老臣如今已年过六十，没有子嗣（当时包拯还不知道包绶的存在），绝不可能是为了自己的子孙后代邀功啊！"仁宗听了，顿时哈哈大笑，说："这件事还得慢慢商议啊。"

包拯的一片忠心，令宋仁宗大为感动，他对包拯也是信赖有加。宋仁宗的直观好感，使包拯有了强大的精神支柱。后来，仁宗与包拯君臣相得的故事逐渐成为包公文学演绎的大宗。包拯的政治活动主要是在仁宗朝，在宋仁宗嘉祐年间（1056—1063），富弼担任宰相，欧阳修任翰林学士，包拯任御史中丞，胡瑗在太学担任侍讲，他们皆是道德修养高的正直之臣。在这批士大夫的以身作则下，朝中一片祥和。于是内外相传道："富弼是真宰相，欧阳修是真翰林学士，包拯是真御史中丞，胡瑗是真先生。"将他们视为"嘉祐四真"。

此外，包拯的门生张田，也对包拯事迹的传布起到了至关重要的作用。张田，字公载，澶渊（今河南濮阳）人。张田是包拯的门生，但他在政治仕途上的伯乐却是欧阳修。在考中进士后，他得到欧阳修的举荐，出任广信军通判，负责掌管粮运、农田、水利和诉讼等事。张田性格刚介，不畏权贵，在地方任官时秉公无私，深受百姓爱戴，但为人却有些张扬自喜，在政坛上得罪的人也不少，在仕途上也屡遭贬谪，最后在工作途中因病而亡。

宋英宗治平元年（1064），张田知庐州，到了包拯的故乡。

这时，包拯已去世三年了。他在包家阅览了包拯一生的谏章、草稿和御赐书简，感慨良深，于是将所收集的文稿选编为十卷，分为三十门，共一百七十一篇，刻印成书，名曰《孝肃包公奏议集》。张田将此本《奏议》献纳包公家庙，使其得以流传后世，对保存和研究包拯生平事迹做出了重大贡献。后来，包拯的奏议得到了多次刊刻，包拯奏议之所以能多次刊刻传播，也是由于后代官僚都把包拯视为做官的范本。因此，包拯奏议的传布是古代官员文化形成的重要组成部分，也代表着包拯为官的品行得到了官僚阶层的广泛认同。包拯奏议就是循吏润物无声、潜移默化的"教科书"。

包拯为官的清廉作风与刚正的家庭教育理念，在南宋时期被改编或创作进童蒙读物中，如在南宋宣和年间江西派著名诗人吕本中的《童蒙训》中就将其作为说教的题材：

荥阳公曾经说，人们总喜欢说世界上没有好人，这样的说法其实是在自己伤害自己。包拯知开封府时，有百姓来上告包拯，说："有人把一百两黄金寄存在我这里，但是那个寄存人已经死了。我将这笔黄金转交给他的儿子，但是他的儿子却说什么也不相信，不肯收。希望包大人能召来其子，我好奉还钱财。"包拯叫来其子，但是其子却怎么都不肯接受，表示不知道此事，于是两个人互相理论了很久。

这个童蒙教育故事，不仅直接告诉学生世界上确实有很多好人存在，引导学生争做一个好人，而且也警示学生，做官一定不能以权谋私，要保持廉洁自爱，以防小人中伤或诈变。吕本中借包拯审案一事，勉励学生学做好人，由此可见，包拯家训及其人格魅力在中国民间教化和家庭教育中的重要影响。时至今日，包拯遗训依然是安徽省肥东县大包村村民们谨遵、流传的家训。

包公体察百姓疾苦，为民请命，经过宋元话本小说的艺术渲染，呈现一种"不爱乌纱只爱民"的形象。在儒家礼乐教化的传统下，包拯的形象还被演化成戏剧、小说等各种艺术形式，在民间广为传颂。并且，包拯的形象后来不断被神圣化，并由此演绎出诸多传说，用艺术化的手法、通俗的语言向世人传递着包拯公正严明、严以律己的高贵品格。

元明清时期，包拯被演绎为包公戏，成为一个虚实参半甚至完全虚构的人物，人们为了赞美他，将他加以神圣化。史书中记载的包公虽没有明清公案小说中的包公神通广大，能够断阴驱鬼，但其铁面无私的断案风格仍旧十分鲜明。

京剧《赤桑镇》中有一段包拯铡贪赃枉法的侄子包勉的故

事，说的是包拯前往陈州放粮，其嫂吴妙贞令子包勉前去饯行，包拯听说包勉贪赃枉法，待调查清楚后，丝毫不留情面地将侄子包勉就地正法。戏剧中的包拯这一形象用艺术化的手法体现了包拯执法严明、不徇私情的刚正品格，也塑造了他舍小家而顾公义、严以律家的高亮风范。

包拯的形象成了后世家庭教育中不断被传颂的对象，被人们用来教育家人和族众养成诚实、正直、无私的品格。尤其是包拯不畏权贵，不徇私情，公正断案，这也是其被视为公理和正义化身的主要原因。古陈州百姓所赠的"理冤狱，关节不通，自是阎罗气象；赈灾黎，慈悲无量，依然菩萨心肠"的对联仍存留于合肥包公祠内。两行联语准确而形象地描述和评说了包公的为人、为官和为民，一个清廉自守、执法如山、勤政爱民的清官形象呼之欲出。

在"文以载道"的传统下，传统戏曲、小说等艺术形式大都负有明道、传道的使命，对儒家家庭人伦理念的大众化起到了推动作用。它们以通俗的语言、直观的表演传递着明确的是非观念，体现着"寓教于乐"的教化理念。经过不断的演变，包拯逐渐成为廉政文化的代名词。包拯为后世所歌颂和怀念，一方面是因为他为百姓做了好事，百姓从内心深处感激他、歌颂他；另一方面源于包拯个人道德品质的魅力，以及由此而折射的强大的人格力量，成为后来者汲取人格力量的源泉。经过包拯门生、同时期好友、各时期学者、宋元话本、明清公案小说等的步步推崇，包拯最终演化成老百姓心中的既定形象，经口耳相传，久盛不衰。

第六章
龙图传说

　　宋代商品经济繁荣，市民阶层不断发展壮大，瓦子应运而生。瓦子又称瓦舍、瓦肆，是北宋时期出现的娱乐兼商业的场所。勾栏瓦舍的繁荣，促使着文学往通俗化与大众化的方向发展。在当时就深受百姓爱戴的包拯，有关他的事迹一直都被广为传颂。瓦子这一娱乐商业场所的出现，催生了一系列以包拯为原型的文学作品，这些故事本就为弘扬与赞颂包拯而作，在流传过程中更加强化了包拯的为官特征与优良品质。经过后世不同人的创作，有关包拯的故事也越发离奇，为我们管窥历史上真实的包拯蒙上了一层神秘的面纱。除包拯外，北宋杨业、南宋岳飞等人的事迹在民间传播过程中亦是如此。杨业、岳飞为抵御外寇的英雄，包拯则是铁面无私、刚正不阿的清官，其故事内容虽有不同之处，但共性是在流传过程中将历史人物加以艺术包装，使其成为一个满足百姓期待且符合社会价值观念的形象。包公故事最初出现在宋代百姓喜闻乐见的话本小说中，比如《宋四公大闹禁魂张》《三现身》《合同文字记》等。到了元代，一些文人在街谈巷语和民间传说的基础上，创作了大量包公断案剧。

一、传说溯源

在汉语中，"传说"一词有多种含义。上海辞书出版社的1979年版《辞海》对"传说"的概念解释为："传记谈说；传说经义和解说经籍的书。《汉书·艺文志》：'建藏书之策，写书之官，下及诸子传说，皆充祕府。'意为辗转传述。白居易《奏所闻状》：'内外传说，不无惊怪。'指民间长期流传下来的对过去事迹的记述和评价，有的以特定历史事件为基础，有的纯属幻想产物，在一定程度上表现了人民群众的要求和愿望。古代历史、民歌、民间故事中多有记载。"我们在生活中对"传说"的理解与

《辞海》中的第三种解释基本符合。但需要注意的是，传说、神话与故事三者的概念常有重合部分。历史学家、文学家与民俗学家对其概念的研究与界定不尽相同。顾颉刚先生曾在文章中提起传说的形成过程："他们在无数古人中只认得几个古人，所以他们所解释的事物的主人说来说去总是这几个。事物是最美妙的，人物是大家认识的，所以一种解释出来，便会给大众所乐道，成为世代相传的传说。"

《宋史》本传记载包拯权知开封府时正直刚毅，权贵官员的不法行为因此有所收敛，听闻其名者都忌惮他。包拯将开封府治理得井然有序，连童稚和妇女都知其名，称其为"包待制"。《癸亥杂识》提及："开封府题名，独包孝肃姓名为人所指，指痕甚深。"宋吴奎《孝肃包公墓志铭》记述包拯为宋代刚劲之臣，声名远播，朝廷官员乃至远方学者不称呼其官名，而称其为"包公"。司马光赞其"最名公直"，欧阳修称其"清节美行"。《续资治通鉴长编》记载，包拯病逝时，远近士人百姓没有不感到悲伤难过的。由此可见，包拯不仅在北宋的官员中拥有很高的评价，在民间也赢得了百姓的喜爱。

包拯作为宋代清官的代表，后世关于他的传说数量众多。在内容上，涉及包拯出生、青年成长、为官及身后等一生的各个阶段。在分布地域上，据学者统计，河南省和安徽省内关于包拯传说的数量位居全国前列，这应与包拯在当地生活和做官的经历有关。传说过程大致为，先以真人真事为主在民间口耳相传，在传播过程中有所删减、增加，之后经过不断完善包装，最终形成一个个人物形象鲜明、情节丰富的特定故事。笔者尝试以包拯的人生经历为主线，追溯有关包拯的重要或者广为人知的传说。

包拯出生的传说，大致有两种类型。一说为"九里十三包"。北宋初期，庐州包家村地处富饶之地，居住着以包姓为主的数百户人家，人丁兴旺。包家村南面有一低矮平缓的柴山，因属包家，故又称包家山。突然一天清晨，有九只凤凰在柴山落下，并在此后的清晨或者傍晚于柴山上空盘旋，甚至在炎热的夏天还会到山下河边的桥下戏水。当地人十分惊奇，因此柴山被称为凤凰山，山下的小桥又称凤凰桥。

第二年，怀有身孕的员外郎包令仪夫人张氏在凤凰山砍柴时，忽觉腹痛，自知即将生产，于是赶紧下山回家。走到凤凰桥时，张氏腹痛难忍，便蹲下身体，此时柴山上突然轰轰作响，冒出一个大土包，张氏被吓得魂不附体，边走边蹲，路上共蹲了九次，而凤凰山神奇地出现了十三个大土包。包拯在这天晚上出生，但因其生下来肤色黝黑、没有气息，便被家人遗弃在莲花塘中。此后，据当地老人说，包拯踏入仕途后，包家将凤凰山赠给了邵家，邵家在凤凰山开了九座土窑烧制砖瓦后，九只凤凰便飞走了，留下了十三个凤凰蛋。当地还流传着这样一首歌谣："凤凰山下凤凰桥，凤凰天天来洗澡，他年凤凰腾云去，便是青天来还朝。"

另一种传说也具有传奇色彩。相传在包拯母亲分娩的当夜，包拯的父亲梦见一只猛虎扑来，醒来吃惊不已，认为新生儿是不祥之子。加之包拯刚出生时全身黝黑，不似婴儿模样，并且不哭不闹，其母被吓晕过去。家人惊恐，将其丢进后花园的池塘。恰好此时满池荷叶，包拯被托住未能沉下去。天上老鹰展翅为他遮阴，老虎睡在池畔为之喂奶。包拯的嫂嫂发现后花园有一道霞光，赶来后发现包拯（亦有包拯嫂嫂第二天来后花园浣洗衣物时发现包拯的说法），便悄悄带回家尽心抚养。

这两则传说有关"凤凰""老虎"的记述匪夷所思，颇不符合常理，但又为包拯出生增添了传奇色彩。根据本书之前章节的叙述，我们已知包拯出生并无"异常"之处，那么这些传说从何而来呢？现存史料有关包拯的轶事中并无这方面的记载，但我们可以在各种通俗文学作品中发现其踪迹。明代成化说唱词话《包待制出身传》叙述包公生于庐州城外十八里凤凰桥畔的小包村，包公生下来时"八分像鬼二分人，面生三拳三角眼"，家人惶恐将其抛弃，幸被长嫂救下。此文中还有关于包公为文曲星转世的记述。而明成化说唱词话中的故事大多也采自民间，或是百姓口耳相传之事，或是前人的话本故事等，因此不妨推测包公出生传说的出现时间不晚于明代成化年间。至于为何有此传说，有学者指出这是旧时人们的常见做法。人们为表现杰出大人物的与众不同、超凡绝尘，常常为其出生增添许多奇异的传闻。包拯的出生传说应是如此由来。

少年包公的传说多流传于包公故里——安徽合肥。其中"长嫂如母"的故事人们耳熟能详。相传，包公排行老三，生下来被家人抛弃之后，他的嫂嫂将其救下并偷偷抚养他。嫂嫂对包公爱护有加，在包公长大之后，让他去上学读书，他对嫂嫂也十分尊敬。后来，其嫂去世，包公因感激她的救命及教养之恩，用葬母亲的仪式给嫂嫂送葬。据说"长嫂如母"这句俗语就是这样来的。另一种版本与此最大的不同为涉及"铡包勉"案件。相传，包拯巡视到赤桑镇时，一位老大娘状告包拯的侄儿包勉杀了她的儿子和孙子，玷污其儿媳。包公受理案件之后，下令缉拿嫌犯，进行查证。包勉是包公嫂嫂的独子，而嫂嫂对包公又有养育之恩。嫂嫂借旧物委婉求情，但包公铁面无私，最终斩杀包勉，以正纲纪。事后，包公嫂嫂虽悲痛但深明大义，而包公念其嫂恩情，又思其晚年清苦，对妻子说："嫂嫂，我来供养。'长——嫂——如——母''敬——嫂——似——母'……'""长嫂如母"就此流传下来。

这两则故事虽有不同之处，但目的相同，即以包公和其嫂嫂为主人公，通过故事叙述表现包公高尚的品德，并以此为典范来弘扬这种美德。然而，作为故事主人公之一的包拯的嫂嫂，在历史上并不存在。据《包拯年谱》，包拯有兄莹、颖，皆早卒，因此包拯为家中独子，并无嫂嫂和侄子。然而，"长嫂如母"的故事确实与包拯有联系，不过主人公不是包拯和其嫂嫂，而是包拯的长媳崔氏和次子包绶。

《宋故永康郡夫人董氏墓志铭》记载，包繶为包拯夫妇的长子，比其父母先一步离开人世。包繶的妻子崔氏，因为丈夫和幼子皆不在人世，想要守节。包拯夫妇不忍心耽误她的年华，于是劝说她回娘家改嫁。崔氏的母亲也来相劝，并准备强行带她回家。崔氏不愿离去，以死相逼，最后如愿留在了包家。包拯次子包绶年幼（《宋史》本传说其为包拯遣回母家的媵妾在其娘家所生，被崔氏接回包家抚养），崔氏爱如己出，尽心抚养。包绶因感念嫂嫂养育之恩，侍奉其嫂像侍奉母亲一般。段宝林先生认为："先为新闻传说，以真人真事为主，后来常常把历史上与该人物相似的事件都附会在他身上。不仅故事情节日益丰富曲折，而且人物也更加鲜明突出。"由此，也不难理解为何故事会被"移花接木"了。

包拯为官之后的传说内容，或处理百姓日常纠纷，或审理刑狱案件，部分传说甚至带有神话色彩。金元好问《续夷坚志》卷一记："世间传言包希仁凭其正直的品格，掌管速报司（阴间东岳大帝属下掌管善恶因果报应的机构），连偏僻山村乡野的百姓，都没有不知道他的。"同时，还记载了当地一名女巫假借包拯附身，帮助一名妇女摆脱被卖入娼门的故事。可见，在金代甚至之前，民间已将包拯与鬼神之事相联系，且流传甚广。

《合肥民间故事集》从民间收录了许多关于包公的传说，其中关于"陈州赈灾"的有《包拯巧赈灾民》《除三害》与《情别离》等故事。《除三害》的情节大致如下。在包拯权知开封府时，正逢河南大旱，宋仁宗命他去陈州查看灾情。包拯去后，发现饥殍遍野，民不聊生。朝廷历年发放的救灾粮款，均被国舅的三个儿子占为己有。包大人查明真相之后，便把人称"河南三害"的国舅之子通通押上公堂，命他们退回万担济灾钱粮。谁料"三害"狡猾多端，声称自己也是灾民，且比叫花子还要穷困。包拯冷笑道："今日本府倒要见识见识，堂堂国舅公子穷到何种模样？"老大抢先摇头晃脑地说道："手拿打狗棍，身披旧蓑衣；吃的百家饭，住在破庙里。"老二也编了几句："家住半天悬，没有吃和穿；铺的是大地，盖的是青天。"老三心想，我要编得比他俩还要穷困："天地是我屋，月光当蜡烛，盖的肚囊皮，枕的脊梁骨。"包公听罢，仰天长笑道："一个吃百家饭，一个铺天盖地，一个盖皮枕骨，人赃俱全，给我拿下。"众百姓拍手称快，齐颂包青天："千里来做官，为民解倒悬；执法不殉情，三害皆收监。"

《包公巧赈灾民》记，陈州大旱，包公奉旨前去赈灾放粮。包拯刚到陈州，财主鱼目混珠，冒充灾民与真正受困百姓一起拉着他诉苦。包拯察觉有人"滥竽充数"，却苦于没有办法进行有效区分。为此，他整整愁了三天，终于想出了办法。包公派差役四下贴出告示，让陈州城里没有粮吃的百姓都到南关外去领粮。告示一出，陈州城里的百姓无论有粮没粮都赶忙前往。直到正午，百姓们才看见包拯带着一群衙役，推着几车粮慢腾腾地来了。领粮的百姓不禁疑惑：这么多灾民，包老爷就放这么一点点粮食，哪里够呢？正在这时，差役喊道："领粮的百姓听着，包老爷有令，这次放粮，粮少人多，为了让大家都摊到一点，老爷准备把粮食耩到地里，你们可以捡些充饥。"说完，差役们搬出十多张耧车，开始往地里面耩粮食。差役们在前耩粮，百姓们在后捡粮，一上午的收获只够两个人吃一顿，一天下来也只能解决当天的温饱。数天之后，有粮的财主们受不了这样的劳苦，不愿再来捡粮。于是，包公就将粮食放给了天天来捡粮糊口的灾民们。

《情别离》讲述的是陈州赈灾之后的故事。相传北宋嘉祐元年（1056），包拯赈济放粮，得罪了皇戚国舅，受到奸臣暗中陷害，皇帝将其贬为定远县令。开封府百姓齐上万民书，希望将包拯留在开封，但宋仁宗坚决不许，并诏包拯不许拖延、耽误上任时间，否则将会以违抗圣旨的罪名进行惩处。启程那天，开封府的百姓们沿街摆上香案，为包拯送行。当百姓们见包拯离开时，有人痛哭，有人拦车叩拜，有人想表达心意、送上物资。包拯拱手致谢，一概不收。行至城门，送行百姓纷纷跪在包拯车前，请求包大人接受开封父老乡亲的心意，带点盘缠。包拯看见此情此景，泪流满面，拱手说："父老乡亲，快快请起！希仁何德何能，受此厚爱，倘能再回开封，定当竭力图报！"紧接着，包拯走到一位老者的香案前，取出一枚铜钱，高高举起，吟道："愧守开封十几年，临行洒泪取一钱；两袖清风辞父老，一腔肝胆见青天。"之后挥泪登车，百姓送行十里不散。

以上三则民间传说都是围绕"陈州赈灾"出现的。《宋史》中并无包拯去陈州放粮的记录，他与陈州的联系只有在庆历四年（1044）时上疏《请免陈州添折见钱》，请求宋仁宗减免受雨雪灾害影响的陈州百姓的赋税。然而，曾有学者考证，包拯于庆历年间去过陈州赈灾放粮，后人便以此为依据，编造一个又一个动人的传说。当然，上述传说中也有很多不符合历史实际的情况，如嘉祐元年（1056）并非贬知定远县，至和二年（1055）十二月，包拯降"为兵部员外郎，知池州，坐失保任"，次年八月，复"为刑部郎中，知江宁府"；包拯担任开封府尹并没有十几年，据史料记载，包拯权知开封府仅年余而已。目前所知的文学作品中，元代无名氏所作的《包待制陈州粜米》是关于"陈州赈灾"故事最早的记录。由此推测，"陈州赈灾"这类传说的出现时间不晚于元代。

在包公断案的传说中，人们最耳熟能详的应是"狸猫换太子"以及"铡美案"。民间的"狸猫换太子"传说围绕着赵宋皇室展开，情节各有侧重，但内容大多与京剧《狸猫换太子》相符。而明代成化唱词《仁宗认母传》是京剧《狸猫换太子》的蓝本，在此故事中，包拯虽不是主角，却是一个关键人物。故事讲述在陈州赈灾结束后，包公被宋仁宗征召回朝，路过桑林镇时，遇到一位老人家前来哭诉冤情。这位老妇人声称她是先帝的西宫李妃，是当今天子仁宗的亲生母亲。当年，她顺利产下太子，南宫刘妃心生妒忌，密谋六宫大使郭槐，将还是婴孩的仁宗与刘妃所生的女儿进行偷换，并把她囚禁在冷宫之中。直到仁宗即位，大赦天下，她才被放了出来，却无法与皇帝相认，为谋生计，她辗转来到了桑林镇。老妇人请求包公为她申明冤情，包公问她有何为证，她说仁宗生下来时，左手有"山河"二字，右手有"社稷"二字。包拯回朝之后，验明仁宗两手果真有"山河""社稷"，便将老妇人之事如实禀告仁宗。于是，仁宗下令严审郭槐，彻查此事。郭槐经拷问招供之后，又再次翻供，拒不承认。

刘太后在这期间也采取行动，阻碍了案件审理。此时，包公巧设一计，假设阎罗殿，请仁宗假扮阎罗，自己扮作判官，使郭槐认为自己已经死了，于是郭槐将当年与刘妃换太子、陷害李妃的事情一一供出。至此，事情真相大白，仁宗迎回亲生母亲，下令处死郭槐，亦欲赐死刘太后。被迎回的李太后向仁宗求情，请仁宗念着刘氏养育之恩，放过她这回，刘太后因此被赦免。此后，刘、李太后相见和解，两人"当初冤仇如山重，翻作恩情似海深"。

元代时，"狸猫换太子"的故事即已在民间广为流传，而由这个故事衍生的元杂剧《李美人御园拾弹丸　金水桥陈琳抱妆盒》讲述的这则故事，实际上与包拯并无关联。这则故事大致讲述宋真宗时，李美人有孕产子。刘皇后得知后，怕自己失宠，遂命心腹宫娥把孩子偷出来淹死。宫娥将孩子偷出，却不忍心下狠手。宦官陈琳此时提着黄封妆盒去八大王处，碰到这位宫娥，并得知事情。两人一商量，决定冒险将孩子放进黄封妆盒中，送去八大王处抚养。二十年后，真宗逝世，留下遗诏让八大王第十二子，即当年送出宫外的孩子继承皇位，这就是仁宗。仁宗即位之后，查出自己的身世，与其母相认，重新团圆。

传说如此扑朔迷离，不禁使人好奇，事情的真相到底是怎样的呢？据史料记载，刘太后确实不是宋仁宗的生母。在李氏生下仁宗之后，刘氏便将仁宗抱回去抚养，对地位较低的李氏不闻不问，但没有加害之意。李氏去世时，刘太后考虑到仁宗的名声，处理其后事还算较为体面。后来，刘皇后夺仁宗抚养的故事在民间不断盛传，最终演变成为今人所知的"狸猫换太子"。

"铡美案"讲述的是包公怒铡负心汉陈世美的故事。民间流传的故事情节大致如下：北宋年间，湖广荆州有一名寒门学子叫陈世美，家中父母健在，妻子贤惠，儿女双全。日子虽然清贫，在妻子秦香莲的辛勤操持之下，却也和和美美。这年，陈世美进京赶考，才华出众，被钦点为状元。圣上瞧见陈世美长得不错，又有才华，便起了念头，想把公主嫁给他。陈世美从宦官处了解到皇帝的意思之后，立即表明自己无父无母，无妻无儿，孤身一人。圣上听新科状元这么陈述，立马下旨意，招他为驸马。然而，就在陈世美春风得意之时，远离开封的荆州恰逢大旱，百姓困苦，流离失所。秦香莲久无陈世美音讯，加之公婆相继病逝，只得携子上京寻夫。哪知她千里寻夫，陈世美始终不肯与其相认，并派家将韩琪半夜追杀。韩琪知道真相之后不忍下手，"惟有一死天地鉴，留得清白在人间"。韩琪自杀后，秦香莲反被诬为凶手，银铛入狱，被判发配边疆。半途中，陈世美买通官差加害于她，幸为展昭所救。秦香莲见到包大人之后，哭诉冤情。之后，包拯在展昭等人的帮助下，寻得证据，欲定驸马之罪，虽有公主与太后赶至阻挡，但包拯终将陈世美送上龙头铡。

　　这则故事的结局，"渣男"被不畏权贵的包大人秉公处理，实在让人拍手称快。如今我们常常通过影视、戏剧等作品了解包公怒铡陈世美的故事，其大多来源于清代小说《三侠五义》及其续集。需要注意的是，早在明代，民间已经存在关于陈世美的传说了。明短篇小说集《百家公案》第二十六回《秦氏还魂配世美》叙，均州秀才陈世美进京赶考，高中之后嫌弃糟糠之妻秦氏，便将秦氏与儿女一同抛弃。秦氏携儿女寻夫不成，被陈世美残忍杀害。三官菩萨被秦氏感动，保护其尸体，教秦氏儿女习武。最终，秦氏儿女建功立业，秦氏也得还魂复生，三人一同向包公状告陈世美。包公查明真相，将陈世美发配充军。

至此，我们不禁心存疑问，明代的"均州寒门陈世美"到后世如何变成了清代的"荆州寒门陈世美"了呢？曾有人进行考证，荆州陈世美原型为湖北均州人陈年谷。陈年谷为官时，他的两位同窗好友从均州来到京都找他求官被婉拒。二人大为不满，认为他们曾在陈年谷读书时接济过他，如今他仕途已就，却忘恩负义，不念旧情。怀恨在心的二人路遇戏班演出《琵琶记》。于是，两人请戏班子把戏中忘恩负义的男主人公换成了他们怨恨的陈年谷，为掩人耳目，把陈年谷变成了陈世美，还把陈世美说成了驸马。几经流传之后，又加入包青天铡陈世美之事，便形成了如今我们所知道的故事。此外，民间还流传着一种说法，认为是陈世美恩师上京受到陈世美冷遇，负气回均州时在路上作《秦香莲抱琵琶》，将陈世美说成抛妻弃子、忘恩负义之人，后来经戏班子演出，加入包公铡陈世美的情节，逐渐演化为如今的版本。

诸如前文所列的与史实不符的传说还有很多，此处不再一一列举。而史料中关于包拯断案的故事，也只有本书前几章所举的"割牛舌"一案。胡适先生曾说："包龙图——包拯——也是一个箭垛式的人物。古来有许多精巧的折狱故事，或载在史书，或流传民间，一般人不知道他们的来历，这些故事遂容易堆在一两个人身上。在这些侦探式的清官之中，民间的传说不知怎样选出了宋朝的包拯来做一个箭垛，把许多折狱的奇案都射在他身上。包龙图遂成了中国的歇洛克·福尔摩斯了。"千百年来流传的包公故事，赋予了包拯很多"技能"，也反映了当时的社会生活及平民百姓对"清官"的渴望。

二、月牙之谜

相传，包拯年少之时，面部黝黑，身形瘦长，家境贫苦，他只能帮着财主家放牛。一日，他放牛从一个大地主的田埂上走过，牛儿顺口吃了田里的秧苗。这一幕恰好被地主的家丁看到，便举着棍子追着小包拯打。包拯年纪小且瘦弱，被打时只能用手臂挡着，棍子被打断了，一截砸在他的额头上，鲜血淋漓，伤好之后便留下了白色疤痕。后来，包拯因为断案得罪了一群贪官，贪官们厌恶包拯，千方百计地想要除掉他。他们借口包拯额头上的疤痕进言，说这是虎口恶相，不利于皇室，不除包拯，定有大祸。皇帝信以为真，召见包拯，问清楚来龙去脉，紧接着八贤王揭穿了奸臣的阴谋诡计，皇帝恍然大悟，对包拯更加重用。后来戏剧舞台上塑造包公形象时就在包公额头上进行"包装"，说这疤痕是月牙形照妖镜，有这个月牙，包公就可以白天断人间案件，夜晚断阴间案件，只要人间和阴间有什么冤情，包大人一看就明，一断就清。

这则传说取自《中国民间故事全书·安徽滁州·定远卷》收录的《包公额头上的月牙》。该则民间故事总结到，包拯额头上只有一道疤痕，所谓的月牙不过是后人的艺术创造。我们对包拯形象的固有认知，恰是戏曲或者影视剧中所呈现的那样：额头有月牙，黑脸，双目有神，面色庄严。这则民间传说虽然提出质疑，但没有足够证据来推翻我们的固有认知，这不禁让我们思考，历史上的包拯额头是否有月牙呢？

想要了解包拯的真实形象，从遗留的人物画像入手最为直观了然。北宋时，包公逝后曾配享太庙，宋廷和包家都有其画像。南宋时，包公第八代孙包元吉在行在临安（今浙江杭州）做官，并定居于此。有记载称，当元兵逼近合肥时，包元吉的弟弟和侄子把家藏的包公像和家谱均转移到临安。南宋灭亡时，这支包氏后裔迁居到宁波，所藏的包公像也下落不明。据说，合肥包家以前也藏有包公画像，20世纪六七十年代，包公像与包氏家谱被焚毁，合肥包公祠内的线刻石像也被毁坏，如今的线刻石像是根据拓片复制的。在现今流传的包公肖像中，当以北京故宫博物院南薰殿藏本最具权威。在南薰殿所存画像中，包拯肤色较为白净，额间皱纹明显，双眼下垂明显，大耳，下唇纹较深，双唇似微掀。画像中的包拯已显老态，但依旧可看出其五官清俊，仪表堂堂，显得十分和善可亲，与传说大为不同。

明《历代古人像赞》中的包公像，肤色较白，额上没有月牙但皱纹深而明显，双耳及耳垂较大，双目稍稍上挑，鼻梁高挺，蓄胡但有杂乱倾向，整体文人气息浓厚，彬彬有礼。清梁启超《饮冰室合集》所存的包公肖像为典型的宋代文人画像，此画中的包拯稍显年轻，肤色偏黄，额头上没有月牙，面容清秀，身形瘦小，文质彬彬。从清道光十三年（1833）修《润州（镇江）包氏宗谱》、光绪三十年（1904）修桐城《包氏支谱》中的包公像，合肥包氏家族后人回忆和口述的包公像以及合肥包公祠内依据拓本复刻的包公像上看，包拯均为白皙肤色，额上无月牙，或有皱纹，清俊瘦弱，文质彬彬。由此可见，包拯额上确实没有月牙，也不是传闻中的"包黑炭"。曾有人猜测包拯额上月牙的原型为其额头上的皱纹，随着后人的崇拜，最后被赋予了月牙的特征。

在戏曲形象中，包公额上的图案变化多端，或是象征"日断阳、夜断阴"的太阳与月亮图案，或是与道家有关的太极图，或是半月，或为一弯新月。元杂剧只有关于包拯勾黑脸的叙述，未留下其具体形象资料。明代，从《梅氏缀玉轩藏明代脸谱》以及明末清初昆、弋脸谱来看，包拯形象沿袭元代，并在黑脸上勾画两道长直白眉，额间无印月。之后，长直眉演变为长曲眉，最后演变为包拯眉宇间出现了一幅太极图。清代中后期，包拯脸谱上开始出现月牙。

清代徽剧《铡包勉》中的包拯脸谱额头绘有月牙，方向朝上；清代秦腔包公脸谱额上亦绘"朝上月牙"。清代后期，经徽秦、徽汉等合流，加之借鉴吸收昆曲、京腔之长，京剧形成。京剧中的包公脸谱以黑色为主，额头上亦有月牙，但月牙的朝向或有变化。随着京剧备受人们推崇与广泛传播，京剧包公脸谱处于独尊地位，其他包公形象便逐渐从舞台上消失了。对于月牙出现的原因，有学者认为这反映了普通百姓的某种诉求。在中国古代，无论是统治阶层还是平民百姓都敬畏神明，往往许下美好的愿望以求神明实现。在这种神明崇拜之风盛行的情况下，生活在水深火热之中的普通百姓想要寻找寄托，渴望出现神明帮助他们，于是传说中断案如神的包拯便被赋予了月牙印记，作为他"日断阳、夜断阴"的通行证。这表现出百姓们对于清官明镜高悬、解救人间苦难的向往。

除了额上月牙为后人虚构之外，包公也由一位白面文弱书生被改造成"包黑炭"。民间传说包拯从小立志成为一个不畏强权的正直官员，他在额头上画日月，自认为这才是个做官的样子。有一次包拯画脸时，在嫂嫂的建议之下，将脸涂成黑色，顿时觉得很有刚强之气，可谓一副铁面孔，非常能够彰显自己的志向。亦有人曾推测，包拯形象由白转黑与民间赞誉他"关节不到，有阎罗包老"有关。"阎罗"，亦称"阎王""阎罗王""阎王爷"等，为阴曹地府中第五殿的殿主冥王，传说他是掌管人间地狱众生灵寿命及生死的鬼王，圆眼，黑面，络腮胡须，面恶心善，平时没有笑脸。由此，后人就将包拯塑造成黑脸形象。

另一种说法是包大人铁面无私，铁为黑色，所以其脸便改为黑色。还有一种理解较为切合实际，即从色彩的象征意义出发，来解释这个问题。包拯在民间传说中最大的性格特征是铁面无私，这个特征可以通过具体事情进行体现，但是反映在视觉形象上却是一个难题。从颜色的象征意义上看，"黑"在中国古代具有独特的象征含义。"黑"字在《说文解字》中解释为"火所熏之色也"。在五行理论中，黑色为天玄，北方之色，代表水，所以，黑色在中国古代有庄重、肃穆的象征意义。隋唐以前的帝王多着玄衣，也是意在表现威严庄重的形象。故民间将包拯肤色由白变黑，可能有突出包拯性格的用意。戏剧脸谱的作用也是通过描绘在面部的色彩和图案来表现角色的相貌、身份、性格及品质等，一般来说，黑色能够体现人物忠耿正直的高贵品格，常用来表现忠诚，"黑脸大包公"即此寓意。

无论是黑脸还是月牙，都是后人在包公故事流传过程中添加的元素。将这些元素进行艺术典型化处理后，按普通百姓及民间艺人的想象不断塑造加工，使得包拯的形象与性格的刻画生动具体，也更加传奇、神圣。孔繁敏先生认为，经过人民群众不断改造后，包拯的身份虽然依旧是封建统治阶级的官员，但已经离开历史原型，成为人们理想的化身。"千载之下，人们提起包公，犹能仰其形象，见其颜色，这应归功于人民的伟大创造。"

三、包公文化

包公故事在民间的广泛流播，除了民间艺人受传播利益的驱动外，其实是民间对儒家文化和忠义思想的审美认同，积淀成为一种在中国传统社会进行道德感化的强大文化力量。世人对于包拯的评价常常用"清官"一词进行概括。1979年版《辞海》缩印版解释"清官"一词的意思时说："旧时地位显贵，政事不繁的官职。《北史·景穆十二王传》：'皆以宗室，早历清官。'旧时称为公正廉洁的官吏，与贪官相对。元好问《薛明府去思口号》：'能吏寻常见，公廉第一难。只从明府到，人信有清官。'"我们常说的清官对应《辞海》中的第二种解释。亦有学者总结：《辞海》解释下的第一种清官之"清"有清净、清雅等含义，与"浊"相对，"官"指的是官职，注重此类官职本身具备的"清"的特色。第二种解释中，"清"与"贪"相对，有清廉、清正等意，"官"乃指官员，故强调这类官员所具有的品质。既然这个词语有两个层面的含义，那么我们不禁产生疑问：清官或者清官文化在产生和发展的过程之中是如何与包拯有交集的呢？

刘邦凡先生认为，西晋刘颂是目前已知的最早使用"清官"一词的人。刘颂在其上书中说："使夫昧适情之乐者，捐其显荣之贵，俄在不鲜之地；约己洁素者，蒙俭德之报，列于清官之上。"这说明至迟在西晋时期已经出现了"清官"的概念。一般认为，"清官"一词在魏晋南北朝时期就已经出现，指的是地位显贵、政事清简的官职，与当时的士族门阀政治关系匪浅。门阀士族萌芽于两汉时期，在魏晋时期得到确立和发展，东晋时期达到巅峰，随后开始逐步走向衰落。

曹魏时，魏文帝曹丕在陈群的建议之下，决定实行九品中正制来选拔人才。九品中正制，亦称九品官人法，大体是设置中正官，负责评议各地人才。中正官有大小之分，大中正由在中央任职官员且德高望重者担任，小中正则由大中正推举产生。中正官从家世、品德等方面来评价人才，作出品状，作为吏部选官的依据。状即行状，指的是中正官对某人的评价。品为乡品，特指中正官给被评价之人所定的品级，中正官定品分为九等：上上、上中、上下、中上、中中、中下、下上、下中、下下。一品（上上）、二品（上中）、三品（上下）为上品，一品无人能及，是为虚设。四品（中上）、五品（中下）为中品。五品以下则为下品。

随着世家大族势力的不断扩大，他们逐渐控制了中正官，主要以家世门第作为评价人才的依据，九品中正制也就成为世家大族垄断政治的工具，加速了东汉以来的世族地主向门阀士族地主的演变。门阀士族掌控九品中正制之后，区分官职清浊的流品制度也逐渐兴起，家世门第不仅区分乡品上下，复与官职清浊相关。有学者认为这与当时"清谈"之风盛行相关，当时的士族之中玄学兴起，推崇"清谈"，士族常常为自己画上"清门"符号，对人物的评价亦离不开一个"清"字，因此他们将自己推崇的官职称为"清官"，使得"官分清浊"。随着士族势力的壮大，这种潮流逐渐被士人接受。这里所言的"官分清浊"，主要是以做官的人来进行划分，凡是士族做的官即是清官，寒门庶族做的官为浊官。清官事简清闲，"禄丰权重，地位清华，迁擢迅捷"，为时人推崇；浊官则相反，事务繁杂，"禄寡权轻，地位卑微，迁擢迟缓"，多被士人不喜。北魏孝文帝实行汉化改革，统一官制，颁定品令，把清官分为第一清、第二清、第三清三等，即所谓"三清"。

隋朝时，官职无清浊之分。到了唐朝，清官制度重新出现。相对于魏晋南北朝时将清官与士族任职相联系，唐代的清官体系已经开始逐渐与士族意识分离。《旧唐书》卷四十二《职官志》："职事官资，则清浊区分，以次补授。又以三品已上官，及门下中书侍郎、尚书左右丞、诸司侍郎、太常少卿、太子少詹事、左右庶子、秘书少监、国子司业为清望官。太子左右谕德、左右卫左右千牛卫中郎将……已上四品。谏议大夫、御史中丞、给事中、中书舍人……已上五品。起居郎、起居舍人……已上六品。左右补阙、殿中侍御史、太常博士……已上七品。左右拾遗、监察御史、四门助教已上八品。为清官。"从内容上看，这里的清官只与官阶相关。

唐代科举制度盛行，统治阶层不再以家世门第作为选择人才的首要标准，清官逐渐失去了原有的意义，只是充当附着在官职背后的"标签"，"或者可以说是最高统治者把依据士族意识所形成的清官按照自身的需要加以改造，使之向着更加有利于自身统治的方向发展"。这也就使其逐渐偏离了原来的轨道。

大约到了宋代，人们开始用"清官"指代清廉公正的官员。有学者认为，"作为既公正廉洁，又敢于和权贵及恶势力进行斗争的清官这一名词崭新的含义，则是由宋代民间所创造的"，在传播过程中逐渐被世人认可，流传至今。在清官的新含义出现之前，人们常用"廉吏""循吏"或是"良吏"等来评价官员，"奉直循理"者即为循吏，与民亲善者可称为良吏。然而，循吏、良吏中不乏沽名钓誉之人，与人们期待的公正廉洁的清官并不相符合，因此不能算作清官。

陈振先生曾认为正史中《酷吏传》中的某些人物更符合清官

不畏权贵、秉公执法的形象，如《史记·酷吏传》中的郅都和《后汉书·酷吏传》中的董宣等人，他们依照律令严厉地打击了为非作歹的封建权贵，在一定程度上为被欺凌、被迫害者伸张了正义，却被冠上了酷吏的名号，落入那些专靠酷刑和杀人起家的官吏队伍之中。人们不喜欢酷吏，而循吏、良吏的概念不符合人们的期待，于是创造了"清官"，其评价标准为"清廉不苟，志行修洁；为政宽惠，兴利除害，关心民瘼；执法公允，刚正不阿，严惩贪恶；勤谨奉公，尽职守则，励精治国"。

清官新含义的产生与清官文化的兴起、发展相辅相成。清官文化是以清官为基础而形成的文化体系，清官的某些思想、行为准则等是中华民族优秀传统文化的一部分，以清官为原型的优秀文学作品亦是中华民族文化宝贵的精神财富。清官文化兴起于宋朝，明清时期备受推崇。除了受经济、文化、社会环境等因素影响之外，新事物的出现、发展也源于一定的需求。对统治阶层来说，倡导官吏清廉正直、勤谨奉公有助于吏治清明，形成良好的社会风气以稳定社会秩序，维护封建统治。

宋承唐末五代之乱，建国初，太祖、太宗相继整肃吏治，严明法令，对贪官污吏严惩不贷，对官吏有"德义有闻、清谨明著、公平可称"等方面的要求；明清时期，统治者亦倡导廉治。

从平民百姓角度上看，小农经济下的人民对土地有着很深厚的依赖情结，大多数人养成了安土重迁的习性，习惯于守着"一亩三分地"，安于现状。在这种情况下，人们仅和父母、宗族交往密切，从孩童时期就受家法、族规的教化束缚，对家长制的服从意识强烈，因此思维被束缚的他们往往迷信封建权威，对封建官吏与帝王绝对服从。

历朝历代官吏之中虽有"清官"，但数量稀少，不少官员贪赃枉法，贿赂公行。朝廷苛捐杂税，官员肆意重敛，平民百姓惨遭剥削压榨，处于水深火热之中。遭受苦难的百姓们，有的铤而走险举起反抗的旗帜，而大部分则期望有清官来拯救他们。包公以宣传伦理规范的道德楷模形象出现在各种小说、戏曲等通俗文学作品之中，除了反映百姓对包公个体的崇拜外，也是百姓想要脱离苦海的寄托。

包拯作为宋代清官的代表，亦是清官文化的标志性符号之一（也有学者认为清官文化始于包拯）。不少学者从儒家、法家等诸家思想层面来研究包拯的言行理念。春秋末期，孔子创立儒家学派。战国时，孟子、荀子继承并发展儒家思想。但此时儒家只是先秦诸子百家之一，在战乱频繁、动荡不安的春秋战国时期并不受统治阶层的重视。西汉武帝时，董仲舒在儒家思想之中杂糅道、法等家思想，使得儒学适应了封建统治阶级巩固统治的需要，汉武帝在董仲舒的建议下"罢黜百家，独尊儒术"，确立了儒学的正统地位。此后，儒学也曾经历衰微。宋明时期，儒学有了新的发展，理学、心学相继出现。南宋理宗时，程朱理学被尊为正统思想。包拯作为封建社会科举出身的士大夫阶层，深受儒家思想的浸染。

包拯的忠君孝亲，是儒家礼治的体现。儒家倡导礼治，以礼治国，此处的"礼"指的是周礼，或是经后世改造后的礼制文化。周礼作为行为规范，有"亲亲""尊尊"两大原则。所谓"亲亲"，要求人人皆以其父为首，亲其亲，长其长，依照自己的身份行事，不能以下凌上，以疏压亲；所谓"尊尊"，即臣民以君主为中心，尊敬应当尊敬的人，君臣、上下、贵贱都应恪守名分。儒家以为礼可"经国家，定社稷，序民人，利后嗣"。孔子思想的核心为"仁""礼"。他提出"人而不仁，如礼何"，认为仁和礼是不能分开的。孟子主张：礼为"辞让之心"，是人们应有的德行之一。荀子认为："礼者……贵贱有等，长幼有差，贫富轻重，皆有称者也"，"故人无礼则不生，事无礼则不成，国无礼则不宁"。

秦汉以后，儒家士大夫将礼发展为"三纲五常"，并以此作为封建社会人们应当遵守的道德规范与行为准则。三纲即"君为臣纲，父为子纲，夫为妻纲"，简而言之，这要求封建士人孝顺亲长、忠于君主。儒家重视孝道，讲求"厚养厚葬"。其中"厚养"的表现之一就是要求"父母在，不远行"。北宋包拯可谓这方面的楷模。

"厚养"的另一表现为父母逝世，孝子丁忧。儒家认为"人道莫先乎孝，送死尤为大事"，这一点更是在包拯身上得到了很好的印证。包拯"解官归养"数年后，双亲相继离世，包拯庐墓终丧，不忍离开，"里人数劝勉之"，才重新步入仕途。在古代，孝与忠相呼应，君子在家应该尽心侍奉父母，入朝为官应该竭力忠于君主。《孝经·广扬名》说："君子之事亲孝，故忠可移于君。"但"臣事君以忠"并不是愚忠，《孝经·事君章》说："君子之事上也，进思则忠，退思补过，将顺其美，匡救其恶，故上下能相亲也。"尽忠的臣子不能盲从君主，对君主无二心的同时，亦该积极参与朝政，有所作为，奉行君主的德政，发扬其圣德，在君主有过失时，敢于犯颜直谏，以制止君主的恶行和暴政。包拯为官尽职尽责，对政事得失也敢上书劝谏。庆历三年（1043）十一月以后，包拯多次上疏言事，内容涉及弹劾违背法律的权贵官员、提出选拔官吏的建议、支持发展民生经济、鼓励实行积极的边防政策、论说当时政事得失等多个方面。他四弹皇亲郭承祐，三弹宰相宋庠，尤其在弹劾贵戚张尧佐时，包拯不因仁宗的态度而动摇，以大无畏的决心坚持己见，终将欺世盗名的张尧佐弹劾下来。

包拯是儒家思想的积极践行者，他为官时，处处"以民为本"，体恤百姓。《礼记·哀公问》记载了孔子所说的一句话："古之为政，爱人为大。"朱熹认为这说的是："人为国本，是以为政之道，爱人为大。"孟子主张民贵君轻。荀子说："天之生民，非为君也；天之立君，以为民也。"西汉贾谊认为："闻之于政也，民无不为本也。国以为本，君以为本，吏以为本"；"故自古至于今，与民为仇者，有迟有速，而民必胜之"。正是基于这种民本主义思想，儒家积极主张仁政，期望统治者关心民间疾苦，"薄其税敛"，"为民制产"。

儒家倡导"德治"和"以德服人"，反对严刑峻法，认为只有通过礼来教化人民，才能使民众免于犯罪，使社会长治久安。儒家虽然重视德治教化，但从不否认刑罚的必要性和作用。纵观包拯一生，自他入仕之后，就积极关注民生，爱民恤民。从前五章叙述中可以发现，包拯无论是出知地方还是在京师当差，始终关心民间疾苦，尽其所能为百姓排忧解难，其奏议之中亦数次请求朝廷体谅受灾百姓，减免百姓赋税。

包拯为人正直廉洁，折射出儒家重义轻利的义利观。孔子曾说："富与贵，是人之所欲也"；"富而可求也，虽执鞭之士，吾亦为之"。这表明，孔子并不反对人们逐利。孟子、荀子至西汉董仲舒都认为逐利是人的正当欲望与要求。但是儒家认为当义利发生冲突时，应该有所取舍，有学者概括为："君子爱财，取之有道"，不获取不义之财；"先义后利"，即把义放在首位，在义的范围内逐利；公利大于私利，反对为一己私利损害天下人利益；在与人交往中，重义轻利，"为人臣者怀利以事其君，为人子者怀利以事其父，为人弟者怀利以事其兄，是君臣、父子、兄弟终去仁义，怀利以相接，然后不亡者，未之有也"；治理国家则要"务张其义"，如果国家高呼逐利，不倡导义的观念，那么人人都会唯利是图，造成"上下交相诈"的后果，统治者应该"礼以行义，义以生利，利以平民"，此为"政之大节也"。

包拯读书时曾屡拒富人的盛情相邀，以免他日为官受私交牵掣，影响公务。包拯曾写有一首明志诗，首联"清心为治本，直道是身谋"表达了他为官和做人的道德准则，要廉洁奉公，无私无畏。为端州地方官时，包拯不似前几任官吏那般肆意搜刮名贵的端砚，即使是任满离职也不带走一方端砚，"居家俭约，衣服器用饮食，虽贵如初官时"，可见其廉洁品质。包拯任言官时，多次弹劾取不义之利的官员，建议朝廷任用清廉官吏。除此之外，他教育子孙要为官清廉，不许贪污受贿，并立下家训，若有不遵，非包家子孙。

包拯公正无私、执法严明，体现了法家的"法治"思想。《汉书·艺文志》将法家列为"九流"之一。法家把法律当作维护社会统治的强制性工具，主张法治，即严刑峻法，尤其以商鞅和韩非为代表。他们认为，只有重刑才能使民众安分守己，不做违法之事。因此他们主张重罪要重罚，轻罪也要重罚，这样一来人们不敢犯轻罪，更不敢犯重罪了。法家还主张："法不阿贵，绳不挠曲。法之所加，智者弗能辞，勇者弗敢争。刑过不避大臣，赏善不遗匹夫。"

包拯认为："法令者，人主之大柄，而国家治乱安危之所系……法令既行，纪律自正，则无不治之国"，故治理国家需要加强法治。他主张对不法官吏进行严惩。对贪赃枉法的官吏，国家应当"法外重刑"，不能对其进行赦免，更不能进行录用。对动摇宋朝统治的重大违法犯罪行为，包拯主张从重从快严加诛戮，同时建议统治者完善监察制度，制定法律，严惩贪官污吏。此外，包拯执法严明，不徇私情。如治理开封府时，为疏通河道，包拯不畏权贵，下令拆除达官贵戚的违章建筑。为官时也不曾结党营私，对推荐过自己的王拱辰，在其主张与自己相左时，包拯仍坚持自己的原则立场。《涑水记闻》卷九记载："包希仁知庐州，庐州即乡里也。亲旧多乘势扰官府，有从舅犯法，希仁戮之，自是亲旧皆屏息。"

包拯的言行思想深受儒家、法家等中国传统文化的影响。在宋代名臣之中，其凭借优秀品质常被后世称颂，甚至有"清官"的美誉。包拯作为清官的典范，不仅其思想品质是清官文化的重要内容，有关他的文学作品即"包公文学"更是在清官文学中占有重要地位，其体裁以小说、戏剧等通俗文学为主。

包公文学始于宋朝，其出现与宋朝通俗文学的兴起关系密切。陈寅恪先生曾说："华夏民族之文化，历数千载之演进，造极于赵宋之世。"漆侠先生曾指出："在两宋统治的三百年中，我国经济、文化的发展，居于世界的最前列，是当时最为先进、最为文明的国家。"宋代商业发达，经济繁荣，宋代农民并没有完全被束缚在土地上，而是具有一定的人身自由。伴随着土地兼并的加剧，一部分农民选择流向城市，成为小商贩、雇工或手工业者，促进了城市经济的发展，市民队伍也因此不断壮大。随着市坊制度被打破、城郭限制逐渐消失，城市人口增加，城市规模扩大，甚至出现了新兴城市。北宋都城开封人口甚至达到了百万之数，南宋都城临安也达到了百万人口。此外，成都、扬州等地，也有着上万甚至十万以上的人口。随着市民阶层的壮大，出现了瓦子这类迎合其需求的娱乐场所，也产生了由民间艺人在勾栏瓦肆间创作、表演的说唱、话本、戏文等通俗文化。

宋代话本上承唐代说话、变文和传奇小说，下启后世白话短篇小说、长篇章回小说之端，还确立了用接近口语的白话文体来进行创作的方式，故鲁迅先生认为："宋元话本的出现，实在是小说史上的一大变迁。"程毅中先生亦有相似观点："从实绩上看，文言小说在宋代仍占有重要的地位，而白话小说到元代才出现了新的高潮。应该说，大约由南宋到元代，随着说话艺术的飞跃发展，中国小说史上发生了一大变迁，走向以通俗小说为主体的新阶段。"

宋代话本《合同文字记》《三现身包龙图断冤》《闹樊楼多情周胜仙》都与包公有关。明代洪楩《清平山堂话本》辑录了《合同文字记》。《合同文字记》主要叙述了一宗因家庭财产而引起纠纷的案件，其中包公出场甚少，仅限于直接断案。冯梦龙《醒世恒言》收录了《闹樊楼多情周胜仙》。此话本讲述了一桩情杀案，但用大幅笔墨描述主人公周胜仙的爱恨情仇，对包公仅三次提及，着笔较少，有学者评价其为"成功的爱情小说，却是一篇失败的包公小说"。南宋罗烨《醉翁谈录》著录宋代无名氏所作的《三献身》，今佚。明代冯梦龙将其改编为《三现身包龙图断冤》，收录进《警世通言》。

《三现身包龙图断冤》主要讲述包公破解孙文被杀之谜。奉符县一名青年恩将仇报，不仅与救命恩人孙文的妻子通奸，二人还合谋害死了孙文。孙文冤魂三次显现，留下谜诗一首。包公到该县任职，解开了这首谜诗，破解了这起凶杀案。话本最后写到："包爷初任，因了断了这件公事，名闻天下，至今人说包龙图日间断人夜间断鬼。"宋代话本不注重对包公形象以及性格的刻画，主要让他充当一位公正的审判官，保护平民百姓的生命财产安全。

元代是包公文学的发展时期。在这个时期，记载包公故事的文本有很多，如笔记小说、文人诗集等，但主要为元杂剧。杂剧，是一种把歌曲、宾白、舞蹈结合起来的中国传统艺术形式，最早见于唐代，形成于宋代，繁盛于元大德年间（1297—1307）。元杂剧在元代兴盛不是偶然。王国维说："余则谓元初之废科目，却为杂剧发达之因。"除此原因之外，不少学者认为元杂剧的兴盛离不开前代文化艺术的沉淀、元代市民阶层的壮大与娱乐需求、统治阶层宴饮娱乐的需要，以及元代民族矛盾与阶级矛盾突出导致下层苦难百姓和汉族文士产生不满的心理等因素。

目前已知的元杂剧公案剧有 32 种，现存 20 种，其中已知的包公戏有 16 种，现存 11 种，在元公案戏中占比较高，具体为《包待制三勘蝴蝶梦》（关汉卿撰）、《包待制智斩鲁斋郎》（关汉卿撰）、《包待制智勘后庭花》（郑廷玉撰）、《包待制智赚生金阁》（武汉臣撰）、《包待制智赚灰栏记》（李行道撰）、《包待制陈州粜米》（无名氏撰）、《包龙图智赚合同文字》（无名氏撰）、《神奴儿大闹开封府》（无名氏撰）、《玎玎珰珰盆儿鬼》（无名氏撰）、《王月英元夜留鞋记》（曾瑞卿撰）、《张千替杀妻》（无名氏撰）。

与宋代话本不同，元杂剧包公戏皆以包公为主，注重表现包公如何机智地惩恶扬善，由此刻画出包公的性格特征。如《包待制三勘蝴蝶梦》写包公断案时梦见蝴蝶，由此受启发查明真相；《包待制智赚生金阁》写包公能见鬼魂，并且能够提取与审问鬼魂，为鬼做主，以及给门神户尉烧纸钱，请求他们挡住邪魔外道，只放屈死冤魂进门。此外，在《玎玎珰珰盆儿鬼》与《神奴儿大闹开封府》中皆有包公通鬼神的描写。除了有包公能直接通鬼神的情节外，此时包公戏将权贵势力纳入所写角色之中，并增加了对包公断案细节的叙述，体现了包公睿智、不畏权贵等性格特征，使其形象逐渐具体。

如《包待制智赚灰栏记》描写妓女张海棠渴望从良，像正常人一般生活，于是嫁给马均卿为妾，生有一子名寿郎。马均卿正妻与郑州衙门赵令史通奸，合谋毒死马均卿，还诬陷张海棠为凶手，并称寿郎为自己所生，企图霸占全部家产。包公在审理案卷时敏锐地发现了破绽，复审此案。他暗地派人调查、搜集证据，通过用石灰画栏圈让两妇人争子的策略，包公乃断定舍不得用力的张海棠是寿郎的亲娘，并审出马均卿正妻与赵令史的罪行，证据确凿后，方才将两人处以死刑。这出戏剧充分反映了包拯的智谋。

又如《包待制智斩鲁斋郎》讲述受皇权庇护的鲁斋郎强夺他人妻女，包公运用巧计，在请求斩鲁斋郎的奏章中，将鲁斋郎的名字写为"齐即"，皇帝批了以后，包公就在这两字上添了几笔，即为"斋郎"，巧妙地借皇帝之手斩杀了横行霸道的鲁斋郎。此外，《包待制智赚生金阁》等讲述的也是包公审理不法权贵的故事。剧中的权贵豪强为所欲为，甚至滥杀无辜，实际上是对元代社会的反映，正如高益荣所说："元杂剧可谓人民之文学，它反映的是民众的生活，再现了那个'覆盆不照太阳晖'的黑暗时代人民所遭受的苦难。"包公以"通鬼神"、睿智的面貌登上舞台，并与骄横跋扈的权贵势力作斗争，这也是寄托了民众的诸多期望。

此外，有学者统计，宋金杂剧院本中也有包公戏，但现今已佚。宋元南戏中有包公戏《小孙屠》和无名氏《王月英月下留鞋记》《包待制陈州粜米》《神奴儿》《林招得》等，只有《小孙屠》传世，其余皆佚。元杂剧《灰栏记》（彭伯威撰）、《包待制三勘蝴蝶梦》（萧德祥撰）、《开仓粜米》（陆登善撰）、《包待制判断烟花鬼》（张择撰）、《糊涂包待制》（无名氏撰）、《包待制勘双钉》（无名氏撰）、《包待制智赚三件宝》（无名氏撰）、《风雪包待制》（无名氏撰）等今佚。

明代是包公文学的继续发展阶段，无论在作品的数量还是表现生活的广度上，包公文学都较前代有一定的进步，但是作品的创造性不高，多是因袭。有学者认为这与当时的文化环境有关。为加强思想文化专制，统治者实行八股取士，以僵化的方式来钳制臣民，并对民间通俗文学实行严厉管控。

洪武六年（1373）二月，明太祖朱元璋申禁教坊司及天下乐人，毋得在戏曲中扮演圣帝明王和忠臣义士，违者当犯罪论处，并且以元代为戒："先是，胡元之俗往往以先圣贤衣冠为伶人笑侮之饰，以侑燕乐，甚为渎慢，故命禁之。"到了明成祖朱棣则有："今后人民倡优装扮杂剧，除依律神仙道扮、义夫节妇、孝子顺孙、劝人为善及欢乐太平者不禁外，但有亵渎帝王圣贤之词曲、驾头、杂剧，非律所该载者，敢有收藏、传诵、印卖，一时拿送法司究治。奉圣旨，但这等词曲，出榜后，限他五日，都要干净，将赴官烧毁了。敢有收藏的，全家杀了。"直到明中后期以后，随着封建统治者管控的逐渐放松，通俗文学才得以解冻并进入继续发展阶段。

词话是兴盛于元、明两代的说唱艺术形式，包公故事曾借助这种艺术形式在民间流传。据资料记载："1967 年，上海嘉定县东公社社员在平整土地时，在明代宣姓墓中发现了一批从成化七年到十四年（1471—1478）北京永顺堂用竹纸刊印的十一册共十三种说唱词话，人们将其合称为《明成化刊本说唱词话丛刊》。"其中有八种包公故事，包括"《新刊全相说唱包待制出身传》《新刊全相说唱包龙图陈州粜米记》《新刊全相说唱足本仁宗认母记》《新编说唱包龙图公案断歪乌盆记》《新刊说唱包龙图断曹国舅案传》《新刊全相说唱张文贵传》《新编说唱包龙图断白虎精传》《全相说唱师官受妻刘都赛上元十五夜看灯传》"。有学者研究后认为，这批成化说唱词话的创作时间从元代跨到明代中叶。其中以《包待制出身传》来源最古，它也是第一部叙述包公出身源流的文学作品。

明代戏曲以明传奇作为主体。传奇是宋元南戏发展到明代时的改称，主要指那些以南曲演唱为主的中长篇戏曲。总体上看，从南戏到传奇的发展，一方面是格律从自由趋于严整，一方面是语言由本色趋于文雅。嘉靖后分化发展的昆山腔和弋阳腔成为"明代剧坛上并驾齐飞的凤凰和各有异彩的双璧"，使中国戏剧发展又迎来一个繁荣阶段。但在明传奇中，包公戏少之又少。明代戏剧家吕天成在《曲品》中将当时昆山腔的剧本题材归纳为六种，即忠孝、节义、风情、豪侠、功名、仙佛，可见明代昆腔戏中公案戏特别是包公戏不多。

明代传奇中的包公戏现存的有《金丸记》（姚茂良撰）、《胭脂记》（童养中撰）、《袁文正还魂记》（欣欣客撰）、《桃符记》（沈璟撰）、《高文举珍珠记》（无名氏撰）及《观音鱼篮记》（无名氏撰）等。《陈可中剔目记》（郑汝耿撰）、《牡丹记》（郑国轩撰）,《留鞋记》（徐霖撰）、《剑丹记》（谢天瑞撰）、《认金梳》（无名氏撰）及《瓦盆记》（叶碧舟撰）等剧今佚。

从元代至明代前期，在这长达两百多年的时间中，包公故事主要以说唱和戏剧的形式出现，万历二十二年（1594）及之后出现的《百家公案》（一名《包公传》，十卷一百回，明钱塘散人安遇时编集、书林景生杨文高刊行）和《龙图公案》（一名《包公案》，无名氏撰）这两部短篇包公小说集，标志着包公小说的创作进入了一个新的阶段。现存的宋元两代的包公小说和戏曲统共不过20多种，而《百家公案》和《龙图公案》则搜集了149则故事，并且后世的包公故事绝大部分都未越出它们的范围，可谓包公故事发展过程中承上启下的集大成者。不仅体裁相同，《百家公案》和《龙图公案》在题材上也非常相似。有学者研究统计，两书竟然有51个故事相同，重复率在百分之五十以上，且两本书都不是作者自创的，都是从民间传说、戏曲、笔记中杂采有关包公判案的故事汇集而成的。除此之外，明代还有《新镌全像包孝肃公百家公案演义》（六卷一百回，无名氏撰）、《初刻拍案惊奇·张员外义抚螟蛉子，包龙图智赚合同文》（凌濛初撰）、《五鼠闹东京包公收妖传》（无名氏撰）等包公小说。其故事来源大约有以下三种：

一是继承发挥。有学者研究，《百家公案》和《龙图公案》的一部分是由成化说唱词话改编而来的。《百家公案》卷首的《包待制出身源流》、第八十回《断濠州急脚王真》及第八十一回

《断劲张转运之罪》和《龙图公案》卷首的《包公传》，都是根据明成化说唱词话《包待制出身传》改写的；《百家公案》的第八十三回《判张皇妃国法失仪》、第八十四回《断赵省沧州充军》与第八十五回《决秦衙内之斩罪》，是根据成化说唱词话《陈州粜米记》改编；《百家公案》第七十四回《断斩王御史之赃》、第七十五回《仁宗皇帝认母亲》和《龙图公案》之《桑林镇》，则是由成化说唱词话《仁宗认母传》改编；成化说唱词话《刘都赛上元十五夜看灯传》及《断白虎精传》也被改编入书。

二是移花接木，将他人故事嫁接到包公名下。如宋郑克《折狱龟鉴》载张咏巧断"双钉案"，《龙图公案》中改为包公断案，详见《白塔巷》；明成祖时周新曾经判明寺僧杀妇人案，在《龙图公案·卖皂靴》中则说是由包公断案。凡此种种，较为常见。赵景深先生曾比较研究了包公故事中与其他清官相似的故事，得出结论说："包公就是钱和、黄霸、张咏、周新、刘奕、滕大尹、向敏中、李若水、许进等人，不过是一个吸收传说的人罢了。"

三是杜撰想象，天马行空。《龙图公案》中的《忠节隐匿》《巧拙颠倒》《久鳏》《绝嗣》《恩师误徒》《鲁公私媳》《善恶罔报》《寿夭不均》《居杀英才》《侵冒》《尸数椽》《鬼推磨》十二篇，皆为新编的包公地府断案故事。孔繁敏认为，每个时代都有想象杜撰的包公故事，这是对现实社会的反映，"是穿上包公服装的现实人的写照"。

相比元杂剧，明代的包公故事不仅内容更为丰富，其刻画的包公形象也发生了重要变化。首先，明代包公文学加强了对包公出身的描写，大致都为包公生有异相，被其长嫂捡回抚养。其次，包公的"能力"扩大。明代文学作品中的包公不仅能通鬼神，还能降妖。短篇白话小说《五鼠闹东京包公收妖传》叙五鼠妖猖獗，变化为仁宗、太后、王丞相、包公，企图以假乱真，作为文曲星转世的真包公巧合之下回到天庭，查明真相后，从西天如来处借玉面金猫才得以降伏鼠妖。包公能上天入地，连西天如来都对其礼让三分，可见"能力"之大。再者，包公嫉恶如仇、铁面无私的性格特征突出。

在《高文举珍珠记》中，包公听到高中状元的高文举被国丈温阁强赘为婿，迫于淫威不敢相救屡遭温阁之女迫害的原配王金真时，顿时大怒："真个可恶……高文举你中甚状元，温阁你做甚国老！"这个时期，与包公相对立的人间恶势力不再是身份含糊不清的权豪要势，而是雄踞朝廷的皇亲国戚、宰执阁老等大官僚大地主。如曹国舅、赵王以及翰林陈世美之类，他们有的利用权势随意欺压百姓，有的甚至杀妻灭子、毫无人伦，即使是面对奉旨而来的保官，包公也据理力争，最终将违法之人一一严惩。

明代文学作品中不仅体现了包公的"为民"思想，也表现了他作为封建官吏保守、"忠君"的一面。《胭脂记》中包公指责王月英"你是未嫁闺女，不守妇道"；《龙图公案·观音菩萨托梦》中包公斥责邓氏"你当日被拐便当一死，则身沾名荣，亦不累夫有钟盖之难"。此外，包公对作恶之人判刑时，注重考虑帝王的声誉，多是在皇帝批准的情况下进行处置，如明《百家公案·秦氏还魂配世美》中包公对陈世美的处置方式为"遂具表申奏朝廷，拟决世美罪名"。可见明代的包公已成为宣扬、维护封建伦理纲常的忠实卫道士。总而言之，从出生传奇到惩恶扬善，此时的包公一身本领，无所不能，已经成为一个按照百姓愿望创造的超越现实的"青天式"人物了。

清代是包公文学的集大成时期，包公文学不仅种类全、数量多，而且具有很强的创造性。尤其是清末，为包公故事创作发展的高峰。清朝是继元朝之后，由中国少数民族建立的又一个封建大一统王朝，在文治武功等方面都取得了相当的成就，各种文学样式也呈现全面中兴的态势。然而在经历康乾盛世后，清朝逐渐衰落。在民族矛盾、阶级矛盾尖锐，政治腐败等各种因素作用之下，在西方列强舰船枪炮的轰炸之下，曾经傲视群雄的大清帝国日渐衰败，任人宰割。这时，具有护持朝纲、匡扶正义等理想的文艺创作者再次聚焦包公，用自己的才华将包公文学推向又一个新的高潮。

清代前中期，包公戏以传奇为主要创作与传播形式。目前清代传奇存有《琼林宴》（无名氏撰）、《双钉案》（一名《钓金龟》，唐英撰）、《乾坤啸》（朱佐朝撰）、《正昭阳》（石子斐撰）、《双蝴蝶》（无名氏撰）及《五高风》（李玉撰）等包公戏。《断乌盆》（无名氏撰）、《紫珍鼎》（无名氏撰）、《龙图案》（无名氏佚）、《长生像》（李玉撰）、《瑞霓罗》（朱佐朝撰）、《四奇观》（朱素臣、朱佐朝撰）及《雪香园》（陈子伟撰）等包公戏如今已消亡。

清代中叶以后，地方戏曲蓬勃兴起，徽、汉、秦等地方戏在当时的都城北京交汇融合，最终形成了我国古典戏曲艺术的集大成者——京剧。此后，京剧不仅称霸京城戏坛，还风行南北，有"国剧"之誉。京剧中的包公戏数量众多，《狸猫换太子》《铡美案》《乌盆记》《铡包勉》《打龙袍》《双包案》《五鼠闹东京》等剧目可谓家喻户晓，常演不衰。清代包公戏除了数量众多之外，在内容上并不是仅仅继承改造前代戏剧故事，它具有较高的创新性。如朱佐朝所撰的较有名气的《乾坤啸》，在前代戏曲中未寻见其踪迹，应是清代新作之戏。而在元代的 11 种包公戏剧目中，只有《乌盆记》在经改编后依旧演出，而传承到清代再到晚清民国的明代包公戏只有《双钉案》等剧了。

有学者认为，清代文人不屑于重复改编前代戏曲故事，而不识字的优伶戏班又难以演出文人创作的对白唱词较为古雅的剧目，因此清代戏曲往往取材于当时的说唱艺术。到了晚清民国时，包公戏的故事大多源于清代石玉昆撰写的小说《三侠五义》，而《三侠五义》的故事多袭取《龙图耳录》，《龙图耳录》的故事来源则是明代小说《龙图公案》。

清代的包公小说繁荣发展，作品无论在数量上还是质量上都已经到了一个顶峰，篇幅上出现了由短篇小说向中长篇以及长篇小说发展的倾向。清代前中期的包公小说有《清风闸》（浦琳撰）、《龙图刚峰公案合编》（无名氏撰）等，还有以《万花楼演义》（一名《大宋杨家将文武曲星包公狄青初传》，十四卷六十八回，西湖散人撰）为代表的，将历史演义与公案小说合为一体的，将同处北宋的包公与杨家将、狄青等历史人物一同叙述的长篇章回小说，如《杨文广平南全传》（无名氏撰）、《五虎平西前传》（亦作《异说五虎平西珍珠旗演义狄青前传》，无名氏撰）、《五虎平南后传》（全名《新镌后续绣像五虎平南狄青演传》，无名氏撰）等。这类小说均是叙述宋朝征战的历史演义小说，书中的包公不是主角，而是连接情节的过渡性角色，然而刻画出来的包公形象更加立体丰满，丰富了包公的人物性格。

清代后期，以石玉昆撰写的古典长篇侠义公案小说《三侠五义》最为著名。《三侠五义》由石玉昆说书时根据《龙图耳录》改编，故事情节多沿袭此书，只是在文字叙述上略有不同，其将公案和侠义融为一体，可谓清代包公文学的代表作品。此书分为两部分：前半部主要讲述包公在侠士展昭、白玉堂等人的帮助下受理民冤、除暴安良；后半部主要写侠士帮助清官颜查散为朝廷剪除襄阳王及其党羽。侠士与清官合流、清官统领侠士为朝廷效忠是本书的主要特色。除此之外，与以往的各种包公小说不同，《三侠五义》将包公的身世传说和断案故事连接起来，并且按照时间顺序加以叙述，使此书"组织加密，首尾通连"，这对于包公故事来说，是一个大特色。

《三侠五义》所写的包公故事，有一部分来源于以往的包公小说，但对前代作品亦有所取舍，经过作者改编，情节更加紧凑合理。如与《百家公案》相比，在叙述包公出生的故事中，除了沿袭包公出生时被视为不详，被家人嫌弃抛弃之外，还添加了包公二哥包海夫妇处处设法害包公的情节。在"狸猫换太子"故事中，

《三侠五义》吸收前代故事，将刘妃以所生女婴偷换李妃所生的太子，改为用剥皮狸猫进行调换，情节"离奇"，引人注目，并将李妃用仁宗掌中的"山河""社稷"四字作为证据来辨明身份的情节改为以御赐金丸证明身份，使情节更加切合常理。晚清时，学者俞樾将《三侠五义》改编为《七侠五义》，流传广泛，此后续书不断，如有《忠烈小五义传》（又名《续忠烈侠义传》，一百二十回，无名氏撰）、《续小五义》（又名《忠烈续小五义传》《三续忠烈侠义传》，一百二十四回，无名氏撰）、《正续小五义》（无名氏撰，今佚）、《续侠义传》（十六回，无名氏撰）等多部续书。清代还有一些小说会提及包公，而有关包公的情节大都涉及天宫地府等场景，如郭则沄《红楼真梦》、陈少海《红楼复梦》等书中都提及包公任职阎罗王一事，此时的包公已经成了一个具有独特象征意义的文化符号。

清代包公文学不仅注重包公机智断案，更塑造了一个作为儒家忠孝仁义代表的完整的包公形象。传奇的出生成长故事体现了他自强不息的品质。无论是包公戏还是包公小说，都有包公的身世故事。故事中的包公从出生开始就历经磨难，因父母不喜而惨遭遗弃，后由长嫂捡回并待其如亲子，却被二哥二嫂数次针对陷害，但他深处困境却自强不息，在长嫂的鼓励支持之下，包公终以知识改变命运，高中为官，步入仕途。故事给予包公异于常人的成长经历，便赋予了他高尚的品格和与众不同的能力。

清代的包公故事通过理性与情感的冲突，不仅突出了包公刚正不阿、执法如山，更塑造了一个"有血有肉"的包公形象。这在京剧《铡包勉》中最能体现。一面是受害的百姓，一面是对自己有恩的长嫂的独子，包公也是"常人"，有过犹豫，尤其是在想起与包勉的叔侄之情、王延龄的师生之情，以及被长嫂唤起的哺育深情之后，他陷入了短暂的矛盾中，最后在情与理的冲突中，包公的理智战胜情感，作出了处死包勉的决定。此剧的成功之处在于，当法理与血缘亲情、世俗人情发生冲突时，素称刚正不阿、铁面无私的包公也会像普通人一样陷入矛盾，内心经过几番斗争才能卜定决心。

而与侠士协作办案，则又揭示出包公为民为君为国的形象。清代的包公故事逐渐减少了对包公通鬼神能力的叙述，基本上沿袭前代故事，新创作的包公凭借其"超能力"断案的故事较少。以《三侠五义》为例，它将前代故事中包公借助鬼神断案的部分进行改编，构造侠士群体来帮助包公为民请命、除暴安良。书中的包公未能摆脱封建官吏的角色局限，书中的侠士们虽帮助包公惩奸除恶，却也未能摆脱儒家忠君思想的束缚。

　　书中将包拯演绎为江湖侠士的"首领"，带动侠士一起为民、忠君、爱国。包公凭其清官名誉吸引落草为寇的王朝、马汉、张龙、赵虎前来投奔，四人此后成为包公的得力助手，并且包公还得到展昭相助。之后他们协作查案，为民请命，铲除不法权贵甚至皇亲国戚。如庞太师之子庞昆在陈州荼毒百姓，包公在展昭的帮助下擒杀了庞坤；再如驸马陈世美抛弃原配秦香莲以及一双儿女，包公在展昭等人的协助下，救下陈世美企图杀害的秦香莲及其儿女，并顶住太后与公主施加的压力，处死了陈世美。书中包公的身份为封建士大夫，深受儒家忠君为民思想的浸染，展昭等人从肆意行侠仗义到有"身份"（这里指朝廷任命职位或者是皇帝御赐封号）有序依法为民请命，乃至之后在包公的推荐下，帮助仁宗皇帝铲除叛党，维护统治，可见其忠君为国的一面。

　　《三侠五义》中的包公为民为君并不冲突，他是在皇帝的支持下进行与恶势力的斗争和除暴安良的活动的。最后，他把忠君放在首位，第十五回中包公多次表示自己平反狱冤、锄恶去奸的宗旨是"一来不负朝廷，二来为民除害"。但是书中包公的忠君不是愚忠，而是在对君主无二心的前提下，为皇帝为国家着想，实行劝谏，如第九回中他敢于指责皇帝"陈州放粮，不该信用椒房宠信之人"。即使是这样，仁宗皇帝仍然喜爱他，称赞他"忠心报国"，所以包公也把实现锄奸去恶的希望寄托于皇帝的"圣明"。总而言之，清代的包公以更贴近现实的形象向民众传达儒家忠孝仁义的思想，而这些包公故事的作者在批判社会黑暗不公的同时，思想上未能有所突破，仍旧将脱离"苦海"的希望寄托于封建官僚与封建帝王。

据学者统计，包公文学除了上述文学作品外，还有《花枷良愿龙图宝卷》《鱼篮宝卷》《陈世美宝卷》《钓金龟宝卷》《铁莲花宝卷》及《贤良宝卷》等宝卷，以及《陈英卖水申冤记》《张四姐案》《五鼠闹东京》《黑驴告状打棍出箱》《包公出生歌》《龙图公阴阳判》及《三言堂》等鼓词。此外，还有众多地方戏中的包公戏，因本书篇幅有限，不再一一叙述。由此可见，包公文学内容之丰富。

曾有许多学者对以包公为代表的清官文化进行批判，认为它存在着糟粕部分，如宣扬善恶报应、封建专制以及过分强调将个人的理想、命运寄托在清官身上等问题。任何一种文化形态，都将随着时代的前进而变化，虽然可能存在不合时宜的部分，但其千百年来所积淀的优秀文化及价值取向是应发扬光大的。我们不应否认根植于中国古代封建社会的清官文化有其糟粕部分，但更应该积极宣扬与继承其中的优秀传统文化，如正直、孝顺、忠诚、爱国等品质，法治、廉政等政治思想。如今，包公文化在时代发展中不断焕发活力与光彩，以这些多姿多彩的艺术样式，点缀着民众的生活，不仅表达了人们对包公的喜爱，更体现了人们对公平正义的向往、对自由幸福的追求以及对完善法治社会的期待。包公故事在民间的广泛流播，除了民间艺人受传播利益的驱动外，其实是民间对儒家文化和忠义思想的审美认同，积淀成为一种在中国传统社会进行道德感化的强大文化力量。

尾 声

　　行文至此，关于历史人物包拯的撰写似乎该结束了。梳理包拯的一生，历宋真宗、仁宗二朝，二十九岁之前的他应该与当时的普通读书人并无二致，寒窗苦读只为天圣五年（1027）的那一次科场扬名。中试之后，他却以父母年事已高不忍远行为由，弃官侍奉双亲达十年之久。三十九岁时，年将不惑的包拯才从知天长县正式开始了他的仕途，先后知端州、瀛州、扬州、庐州、池州、江宁府及开封府等地，入为监察御史、知谏院、天章阁待制、龙图阁直学士、御史中丞、三司使，拜枢密副使，迁礼部侍郎，坚辞不受，不久后因病逝世。

在那个名臣辈出、群星闪耀的仁宗时代，包拯显得似乎不那么出众，他的名望、地位等远不及韩琦、范仲淹、文彦博、欧阳修等人。欧阳修在《论包拯除三司使上书》中分析了包拯的不足，认为他"性好刚，天姿峭直，然素少学问，朝廷事体，或有不思，至如逐其人而代其位"，虽"少有孝行，闻于乡里，晚有直节，著在朝廷，但其学问不深，思虑不熟，而处之乖当，其人亦可惜也"，甚至在审理案件的过程中还有过过失。但包拯还是尽力做到不谋私利，为国为民，践行了"民为贵，社稷次之，君为轻"的儒家思想。吊诡的是，通过宋元话本、说书以及后世的戏剧、公案小说等艺术形式的塑造，包拯的青天形象跃然纸上，变得家喻户晓。因此，胡适在为《三侠五义》所作的序中写到：

> 历史上有许多有福之人：一个是黄帝，一个是周公，一个是包龙图。上古有许多重要的发明，后人不知道是谁发明的，只好都归到黄帝的身上，于是黄帝成了上古的大圣人。中古有许多制作，后人也不知道究竟是谁创始的，也就都归到周公的身上，于是周公成了中古的大圣人，忙得不得了，忙得他"一沐三握发，一饭三吐哺"！
>
> 这种有福气的人物，我曾替他们取个名字，叫做"箭

垛式的人物"，就同小说上说的诸葛亮借箭时用的草人一样，本来只是一扎干草，身上刺猬似的插着许多箭，不但不伤皮肉，反可以立大功，得大名。

胡适认为包拯就是这样一个"箭垛式的人物"，众多民间传说把很多精巧的折狱奇案故事堆砌到包拯身上，使他化身为"中国的歇洛克·福尔摩斯"。包拯的传奇形象是如何一步步深入人心的？如果仁宗时代没有包拯，那会是怎样的一番历史情景呢？如果没有历代的戏说演义以及清人撰写的《三侠五义》之类的公案小说，包公的青天形象是否能穿越时空，根植于寻常百姓心里？

也许，这些答案就隐藏在帝王及历代士大夫对包拯的评价中吧！宋仁宗评价包拯："识清气劲，直而不挠，凛乎有岁寒之操。"南宋洪迈的《容斋随笔》记载说，嘉祐年间，富弼为宰相，欧阳修在翰林，包拯为御史中丞，胡瑗在太学，皆天下之望。时人相语曰："富公真宰相，欧阳永叔真翰林学士，包老真中丞，胡公真先生。"遂有"嘉祐四真"语，谓当时之公言。王称在《东都事略》中说，包拯"为人不苟合，未尝伪辞色以悦人，平居无私书，故人亲党亦皆绝之，人多惮其方严。仕已通显，奉己俭约，如布衣时"。韩元吉论曰："世之论孝肃，第以刚正敢言，辨忠邪，诋权幸，犯天子颜色，以议国本，罢内降为难。而某独叹其初为监察御史时，首言国家取士用人未得其实，岁赂缯币非御戎之策，宜选将练兵，以为边备，此诚知天下大计为万世虑者。"

元人王揆评价曰："一麾北归，一砚不持。约数百载，遗爱在兹。后之来者，景行先哲。包井之泉，清风高洁。"元代人撰修《宋史》时评价包拯曰："（包）拯为开封，其政严明，人到于今称之。而不尚苛刻，推本忠厚，非孔子所谓刚者乎。"明代孙承恩赞包拯画像曰："面目棱棱，刚气烈烈。势力苞苴，莫我敢攱。严肃者政，苛刻匪心。非汉法吏，乃古直臣。"

总之，包拯刚正不阿、不畏权贵、秉公执法的威严形象被塑造出来的背后，是历代民众对风清气正的社会风尚最质朴的期盼。最后，摘录治平三年（1066）庐州知州张环所撰《孝肃包公祠堂记》缅怀包拯，同时也将其作为本书的结尾，其云：

庐江，古建国也，历世千年，其贤士大夫名于史者，吴周瑜一人而已。宋有天下，复逾百岁，其名于时者，若皇甫君选之学识，不及于显；马忠肃公亮之材术，不尽其用，其全者，包孝肃公拯一人而已。公行也

备，才也果，言也诚，志也忠，自初仕逮于考终命，其
节未尝少衰变。昔之君臣际遇，道合计从者有之，或不
能知人，或耻所改为，或蔽于旁近，或未识统纪，馋入
则见远，拂欲则生忿。观公平居进益廷争之语，人能道
之，任刚肆直，虽鼎镬在前，植若自守，闻者为其悚
然。而仁庙乐闻直谏，容纳是止，无一毫芥蒂，始卒听
用者，自尧、舜、文、武而下，仁庙一人而已。

后　记

　　在我稀薄的童年记忆里，隐约闪现的除了村庄的人和物外，还有村头老者们时常说起的黑脸的"包青天"。20世纪90年代，电视剧《包青天》风靡一时，已读初中的我和一群玩伴在课业之余，沉迷于包大人的魅力和王朝、马汉、张龙、赵虎等一众随从的帅气中而不能自拔，学着剧中人物，模仿得不亦乐乎。可以暴露年龄地肯定，这部剧是除了《西游记》之外，陪伴"八〇后"一代成长的又一部经典，也在很多小伙伴心里播撒了斩妖除魔、除暴安良、匡扶正义的文化因子。

　　若干年后，在土堆里撒泼打滚的泥娃子走出了那座不算富裕的村庄，很多儿时的玩伴渐渐没了联络，即使偶尔回到村里，在路口碰到他们，也只有互相简单地寒暄。透过他们的目光，折射的是他们不得不重复父辈们的田间劳作或者外出务工的无奈与不甘，村头经常讲包青天故事的老者也大多逝去，我对包公的印象也越发模糊。我知道我已回不去我的故乡了，虽然那里还有我日渐年迈的父亲和母亲。

有趣的是，大学时我学的专业是历史学，硕、博阶段师从戴建国先生从事宋史研究。虽然我的研究兴趣不在宋代人物，但随着对宋代史料阅读的增多，那个已经模糊的包青天形象又逐渐在我的脑海里清晰起来，并从戏说虚拟转向历史现实。年少时，和玩伴一起模仿电视剧的游戏情节，也经常因为史料中不断出现的"包拯"二字而倏忽闪现在我的眼前。

机缘巧合的是，2020年，河南大学的耿元骊教授策划"宋朝往事"系列历史普及读物，承蒙错爱，询问我是否愿意加入写作团队。自认为搜集过一些关于北宋名臣范仲淹资料的我，不知天高地厚地选择了写范仲淹。写作过程中遇到的疑难点也都毫无意外地一一出现，我只得硬着头皮坚持到底。还好，书稿正常出版了。随着"宋朝往事"第一辑的陆续出版，也许是市场反响良好的缘故，精力充沛的元骊教授和辽宁人民出版社的蔡伟先生又策划了"宋朝往事"第二辑。承蒙元骊教授不弃，嘱我再承担一种。当我看到预设写作的人物中有包拯时，我毫不犹豫地选择了他。

感谢元骊教授让我有机会在不惑之年，以包拯为写作对象，做一次宋代历史人物的知识普及。乐哉！这不仅仅是对我儿时记忆的重温，更是对正义化身的致敬。幸哉！元骊教授治学严谨，研究领域宽广，尤以研究唐宋时期催科制度见长，宏文大作频见诸多顶级刊物。写作期间，他将催科研究心得转化为"催科"实践，并随着约定交稿时间的临近，由月催逐渐提速至时催。他的专业"催科"督促，是书稿能基本按时完成的重要保证。

感谢"宋朝往事"的写作团队。这个团队的成员除我之外，都是当下研究宋辽金史的青年才俊，在各自的研究领域佳作频出。他们愿意分出时间投身历史知识的普及，撰写这些"无用"之书，着实令人敬佩。

感谢我的学生邢益明、范泽龙、吕浩文、夏盼盼。当我俗务缠身，向他们请求援助时，诸君及时响应，分撰一些章节的初稿，更时常给我一些灵感，使我心怀感激！

感谢我的妻子金宇娟博士，她的研究领域是生物学，与我的研究领域毫无交集，感谢她能倾听我讲的那些历史往事。感谢我们可爱的女儿——安大人，她的天真无邪和乖巧懂事让我们时刻向往那个温馨的小窝。感谢我的父母，他们所在的村庄是我的故乡；他们在，故乡就在。感谢我的岳父母，他们毫无怨言地承担起烦琐的后勤保障工作，使我和我的妻子能安心工作，安大人能快乐向学！

最后，书中的一些文字表述由于篇章论证所需致有重复之嫌，造成行文不够精练，请读者诸君海涵。囿于学识和精力，本书舛误之处，理当由本人负责，祈请方家教正！

赵龙

2023 年 1 月 21 日除夕夜于绿地·香颂